Willy Pastor

Stimmen der Wüste

Willy Pastor

Stimmen der Wüste

ISBN/EAN: 9783743314085

Hergestellt in Europa, USA, Kanada, Australien, Japan

Cover: Foto ©ninafisch / pixelio.de

Willy Pastor

Stimmen der Wüste

STIMMEN DER WÜSTE

WILLY PASTOR

STIMMEN DER WÜSTE

LEIPZIG 1895

VERLAG KREISENDE RINGE

(MAX SPOHR)

JULIUS MEIER-GRÄFE

ZU EIGEN

Wie eine unermessliche Halbkugel wölbt es sich vor unsern Blicken. Unermesslich gross, und unermesslich gleichförmig. Kein Baum, kein Hügel, keine Klippe. Kahl und leblos steigt dieser Riesenkörper auf, und unvermittelt schneidet er ein in den Himmel, dessen Schranken ihm fast zu eng gemessen scheinen. Es ist die Wüste. Wie ein Symbol der unergründlichen Geheimnisse des Weltenraumes selbst streckt sie sich aus, überirdisch beinah in ihrer Ruhe und Erhabenheit. Nur ein Bild giebt es auf unserem Planeten, das sich mit ihm vergleichen kann: das Meer.

Das Meer und die Wüste — sie sind ähnlich bereits als die blossen Spiegelbilder derselben Unendlichkeit; sie scheinen fast gleich, tritt diese Unendlichkeit mit ihnen in Beziehung: man meint den Wellenschlag des Meeres zu hören, wenn die zitternden Luftwellen auf dem Wüstenspiegel sich kräuseln und das Bild des Sternenhimmels zurückstrahlen;

die ungeheueren Sandkreisel der Wüste scheinen auf dem Meer wieder aufzuwirbeln, wenn der Drehstrom die Wassermassen aufsaugt und sie in tollem Spiel herumpeitscht über die Fläche. Das Meer und die Wüste — sie decken einander als Sinnbilder derselben üppig verschwenderischen Fruchtbarkeit.

Unfruchtbar hat man das Meer genannt. Das war die Anschauungsweise einer Zeit, deren geistiger Horizont so eng begrenzt war, wie die Marken der Felder, die allein ihr fruchtbar schienen. Freilich, mit dem Pflug bearbeiten lässt das Meer sich nicht. Seine Fruchtbarkeit ist nicht von der Art, die heute ernten will, was sie gestern säte. Aber man weite seinen geistigen Blick am unendlichen Raum des Meeres, und dieses Meer, dieses Sinnbild der Unfruchtbarkeit scheint die Fruchtbarkeit selbst. Alles Leben, mit dem das Festland so stolz sich brüstet, hat seinen letzten Ursprung im Meer. Die mächtigen Eichenwälder haben eine Reihe von Ahnen, die weniger fest im Boden fussten, deren Wurzeln schmächtiger, deren Aeste biegsamer, und deren Blätter einförmiger waren: Farne, grösser wohl, aber doch nicht feiner und kunstvoller gebaut als die Kräuter, über die der stolze Nachwuchs unserer Eichen sich so vornehm erhebt. Und die Ahnen dieser Ahnen, die nahmen sich dem Farn gegenüber so schlicht und einfach aus, wie der Farn gegenüber der Eiche. Ihre Blätter konnten noch keine Nahrung aus der Luft einsaugen, ihre Wurzeln fanden sich im Boden nicht zurecht. Auf dem Lande hätten sie verschmachten müssen, und nur umhüllt vom salzigen Wellenschlag des Meeres konnten sie gedeihen. Die Algen des Sargassomeeres: das sind die Vorfahren unserer Tannen und Buchen und Eichen. Die ganze Herrlichkeit unserer Hochwälder ist dem Meer entstiegen — dem unfruchtbaren Meer.

Und wir selbst — ist es bei uns etwa anders? Wir sind so stolz auf unsern aufrechten Gang und leiten alle unsere göttlichen Thätigkeiten so hübsch daraus ab. Ach, es gab eine Zeit, wo wir uns auf dem Lande weniger militärisch bewegten. So gut wie der Hund, der uns jetzt so verächtlich vorkommt wie das Farnkraut dem Eichbaume, so gut mussten wir damals alle Vier zu Hülfe nehmen, um nicht zu fallen. Und richten wir erst statt von der Menschenperspektive von der Hundeperspektive aus den Blick nach unten, da verwandelt der stolze Neufundländer sich in eine armselige Kröte, die das Wasser so nötig hat wie das Land. Und nun gar die Ahnenreihe des Frosches! Da kleben die Bewegungswerkzeuge so eng am Körper, da atmet man noch so unbeholfen dass man selbst vorübergehend sich nicht ans Land wagen kann. Da wird der Frosch zum Fisch, wie der Hund zum Frosch und der Mensch zum Hund wurde. So gut wie die Tannen und Buchen und Eichen sind auch die Generale und Professoren und Minister Wellenschaumgeborne. Und das Meer, dieser Urahne der Aphrodite, der Palmenhaine und des wirklichen Geheimbderats sollte ein Sinnbild der Unfruchtbarkeit sein? . . . .

Den Blick aufs Meer — und unser ganzes stolzes Leben scheint wie ein leichter Wellenschlag, ein gleichgültiges Etwas, das die Wasser herauftrugen, um es wie zum Spiel ans Ufer zu werfen, an das unfruchtbare kahle Ufer. Die ganze Fruchtbarkeit des Landes ist nichts als ein Geschenk des Meeres — der Verkörperung der Unfruchtbarkeit.

„Aber die geistige Ausbildung dieser Tierwelt des Meeres, die wenigstens ist doch ein Werk des Landes?"

Des Landes — ja. Aber nicht des Gebietes, das Ihr unter Land versteht. Nicht aus den Fruchtfeldern und überreichen Wäldern kamen die Erlösungsthaten, die unsern Geist ausbildeten. Nicht aus dem bebauten und bewohnten Land, sondern aus — der Wüste.

Die Wüste, das ist nächst dem Meere die tiefste, unerschöpflichste Fundgrube unseres Planeten. Sind die unendlich vielen Gebilde der Pflanzen und Tiere mittelbare Geschenke des Meeres, so sind die tausend Arten menschlicher Kultur, die uns seit Jahrtausenden beschieden waren, blosse Früchte der Wüste. Von hier gingen sie aus, die grossen Anregungen, die uns weiter und weiter führen sollten. Die gesamte Kulturarbeit ist nichts als eine Sichtung der Goldkörner, die der Flugsand der Wüste herüberwehte in die Gefilde, die uns so überreich erscheinen — und die doch so bettelarm sind gegenüber der Wüste, diesem zweiten Sinnbild wunderbarer Fruchtbarkeit.

Dehnen wir unsern Blick in der Aussicht auf das Sandmeer, sehen wir über die Zeiten hinweg wie über enge Grenzsteine, und mit dem Sinn dieser Unendlichkeit wird uns die Geschichte der eignen Vergangenheit klar.

* * *

Ueber fünf Jahrtausende trägt der Gedanke uns hinüber. Die Wüsten und Steppen Vorderasiens liegen vor uns. Da sehen wir es auftauchen im blendend hellen Sonnenlicht. Lange, stille Karawanenzüge. Ohne Hast, um das Vieh nicht zu übertreiben, und doch auch ohne Rast ziehen sie hin, langsam und stetig wie ein gleitendes Schiff.

Am Abend erst machen sie Halt. Vom Rücken der Kameele nimmt man die Stangen und Tücher der Zelte, die Pflöcke werden eingeschlagen, und wie eine plötzlich aus dem Meer auftauchende Insel erhebt sich in der Wüste das luftige Dorf des Wanderhirten. Die Herden, Schafe und Rinder und Esel, jede für sich getrennt, lagern in friedlichen Gruppen daneben. Zwischen den Zelten aber schreiten bedächtig die Kameele, hocherhobenen Hauptes, als wüssten sie, dass ohne sie diese ganze Karawane so sicher verloren wäre, wie die Bemannung eines Schiffes, dem ein Felsenriff den Boden ausgeschlagen hat.

Alles atmet auf in solchen Abendstunden, entlastet von den Mühen des Marsches und der Gluthitze des Tages. Und wer diese schweigsam ernsten Gestalten sieht, wie sie nun aufleben und es sich bequem machen in den Zelten oder bei den Herden, wie die Weiber mit Behagen das Geräte auseinanderlegen, der möchte wohl glauben, diese Horde liesse sich hier zu dauerndem Aufenthalt nieder. Und doch verschwindet das alles bei Tagesanbruch so schnell, wie es vorher erschien, und der wirbelnde Sand verwischt die letzten Spuren des Lagers. Nur da, wo der Boden fruchtbarer, die Tiefe wasserreicher ist, nur da kann man sich zu längerer Rast

entschliessen. Da baut man notdürftige Türme zur
Beobachtung des Viehes, zur Vorsicht gegen den
Feind. Brunnen werden gegraben, Cisternen ge-
mauert, mit mächtigen Steinen die Eingänge zu den
Quellen geschützt. Aber auch da kann es sie nicht
auf immer halten. Und wieder belastet man die
Kameele, und treibt die Herden zusammen, und
ordnet den Zug — um wieder den Marsch durch
die kahle Sandfläche aufzunehmen: einer Wolke
gleich, die am Horizont herauflugt, und wächst und
wächst, wenn sie herankommt, und über uns steht,
und schwindet und schwindet, wenn sie vorüber-
zieht und am andern Himmelsende dem Auge
entgeht. — —

Es sind die Hirtenvölker der Steppe. Zum
erstenmal sehen wir in ihnen eine menschliche Gesellschaft zusammentreten, die uns ganz verständlich
ist. Von den Daseinsbedingungen, unter denen die
Menschen vorher lebten, kennen wir wohl die meisten,
aber ihr Dasein selbst will uns in keinem klaren
Bild erscheinen. Uralte Gräber erschliessen sich,
versteckte Höhlen werden beredt, der Ackerboden
legt uns Werkzeuge und Waffen vor, die er durch
endlose Zeiten hindurch sorgsam versteckt hatte.
Wir erkennen die Bestimmung dieser unbeholfenen,
seltsam geformten Geräte, sehen die Menschen die

sie herstellten, die Gemeinden die sie führten, und ganze Völker von Fischern und Jägern feiern ihre Auferstehung und ziehen an uns vorüber. Aber so nah auch diese Gestalten an uns herantreten mögen — ganz erkennen, ganz durchschauen können wir sie nicht. Wären wir durch einen Zauber plötzlich in ihre Mitte versetzt, wir würden uns unter ihnen so ratlos und verlassen vorkommen, wie unter einer Schar von Tieren. Es hälfe nichts, dass wir ihre Sprache verstehen und ihre Geräte benutzen lernten: irgend ein unbestimmtes Etwas bliebe zurück, das sie uns auf ewig unzugänglich machte.

Und nun wenden wir unsern Blick von diesen Völkern der Wildheit weg zu den Hirtenkarawanen der Steppe — mit einem Hauch scheinen alle Nebel verschwunden, und ein farbiges, sonnendurchdrungenes Bild thut sich auf. Eine Gemeinde steht da, deren Fühlen und Denken uns begreiflich erscheint, unter der wir leben, mit der wir verkehren könnten. Und wenn ihre Gewohnheiten noch so sehr von den unseren abwichen, es gäbe doch einen Punkt, in dem wir uns mit ihnen treffen könnten, einen Dolmetscher, der uns ihre Sprache übersetzte.

Dieser Vermittler ist: die Moral.

Die Moral, nicht eine Erfindung oder Verbesserung der Lebenslage, bildet die Brücke zwischen der Wildheit und der Barbarei, ja fast zwischen Tier und Mensch.

In der grossen Stufenreihe der organischen Entwickelung sehen wir jeden Fortschritt hervorgerufen durch zwei Dinge: das Auftreten eines neuen Ideals, und den Wunsch und die Thätigkeit der vorgeschrittensten Art, den Geboten dieses Ideals nachzukommen. Will man einen Grenzstein setzen an die Scheide zwischen Tier und Mensch, so lassen alle Ideale der Entwickelung vom niedersten Tier bis zum Wilden sich zusamenfassen in eins: das Ideal des Lebens auf dem festen Land. Das war es, was den Uebergang vom Fisch zum Schleicher, vom Schleicher zum Vierfüssler, und vom Vierfüssler zum Affenmenschen ausmachte. Alle Entwickelung entsprang dem einen grossen Wunsch, sich vom Meer, in dessen Tiefen die Geheimnisse der Entstehung ruhten, frei zu machen. Dieser Wunsch, der gleich bei der ersten unscheinbarsten Entwickelung lebendig war, wird mit einer solchen Zähigkeit festgehalten, dass alle die kleineren Ideale, die eine Anpassung an bestimmte klimatische Verhältnisse verlangen und als deren Verkörperung die verschiedenen Arten dastehen, etwas Gemeinsames, Abhängiges bekommen.

So auch verläuft die Linie der Entwickelung
vom Wilden an aufwärts. Ein Wunsch taucht auf,
ein bestimmtes Ideal, so gross und erhaben, dass
ungezählte Jahrtausende erst ihm nahe kommen
können. Das ist das Ideal einer Lebensweise, die
das Gegenteil des sogenannten Daseinskampfes ausmacht. Der brutale Kampf, die Vernichtung des
Andern zum Zweck der Selbsterhaltung, das war
die Form der Wüstenentwickelung in der tierischen
Periode unseres Planeten. Ein Dasein, in dem die
gegenseitige Hülfe und nicht der gegenseitige Kampf
Bedingung jedes Fortschritts ist, das ist das Ziel
der eigentlich menschlichen Entwickelung.

„Freiheit in der Gesellschaftlichkeit" heisst das
zweite grosse Ideal. Es ist der Zweck der Moral,
der Moralgeschichte. Unzählige verschiedene Moralen sind im Entwickelungsgang der Moral aufgetaucht. Aber so toll ihre Durchquerungen und
Abbiegungen oft scheinen mögen, den grossen Gang
der Moral selbst haben sie doch niemals unter-
brechen können. Die Völker und Individuen, die
von solchen kleinen Moralen geschaffen wurden
und werden, entsprechen nur den verschiedenen auf-
tauchenden und verschwindenden Arten, über die
hinweg einst der Weg vom Tier zum Menschen
führte. Auch sie sind etwas Mittelbares, etwas Ab-

hängiges im Vergleich zu dem Ideal, das zugleich den Ausgangs- und den Endpunkt unseres Geschlechts bildet.

Dieses zweite grosse Ideal aber, das der freien Gesellschaftlichkeit, tauchte zum erstenmale auf in der Moral der alten Hirtenvölker Vorderasiens.

Noch heute ist sie lebendig in einzelnen Völkern, diese erste, in ihrer rohen Einfachheit so naive Moral; in der Lebensanschauung der Araber leuchtet noch etwas von ihrem Feuer. Da haben wir es noch, jenes ungebändigte Freiheitsgefühl, das den Tod einem Leben der Knechtschaft vorzieht, den schweigsamen Stolz, das ruhige Selbstbewusstsein, und alles überragend das Gefühl der Gemeinsamkeit: die Stammes- und Familienliebe. Der grosse Horizont der Wüste war nötig, um eine solche Gesellschaft zu bilden. Nur das Wüstenleben, die Gefahren des ewig wandelbaren Wüstenlebens vermochten die Horden nach aussen so scharf abzuschliessen, nach innen so fest zusammenzupressen, dass keine Macht der Erde sie sprengen konnte.

Aber freilich, diese Moral ist noch ein erster Anfang. Mit unzähligen Fäden sind ihre Träger verwebt mit der alten Gesellschaft, der alten Rohheit der Wilden. Wie die ersten Schleicher die Glieder des Wassertieres benutzten sich am Land

zu bewegen, so hat der alte Hirtengenosse wohl
bereits das Streben, seinen geistigen Blick zu ver-
grössern, das Bedürfnis seinen Nächsten zu lieben:
aber seine Klugheit übt sich noch im feinen Be-
trug, seine Liebe schreit nach dem Mord des Mörders.
Ein Volk, Eine Moral war nicht fähig, die grosse
Stimme der Wüste zu verstehen, wie auch Eine
Art nicht den Uebergang vom Wasser aufs Land
hätte wagen können. Neue, und immer wieder neue
Ansätze mussten versucht werden, uns allmählich
den Bedingungen nahe zu bringen, die diese neue
Art, die neue Gesellschaft vorbereiten.

Da sehen wir nun ein seltsames Schauspiel.
Der Boden der Wüste allein vermag die neue Gesellschaft nicht hervorzutreiben. Sie stellt nur das
Ideal auf, beseelt Menschen mit dem Wunsch, es
zu erreichen und schickt sie hinaus in die Gebiete,
die tauglich scheinen für ein solches Werk.

Und das Schicksal der Völker in diesen „fruchtbaren" Gebieten?

Ganz langsam sehen wir sie zunächst sich an
das Leben des Ackers gewöhnen. Die Zeit der
Schleicher musste den Uebergang vom Fisch zum
Säugetier vermitteln. Wie dem Tier der Uebergang vom beweglichen Meer zum festen Land, ist
dem Menschen der vom rastlosen Leben des Steppen-

hirten zum sesshaften des Ackerbauers nicht ohne
Weiteres möglich. Dazwischen treten muss das Mittel-
glied jener Halbhirten in den fruchtbaren Niede-
rungen des Euphrat und Tigris. Ihre ungeheuren
„Städte" sind Hirtenlager, die man bereits für
längere Zeit aufschlägt, die aber doch auch wieder
leicht abzunehmen sind. Die Schleicher führten ein
Leben zwischen Festland und Wasser: die Völker
des alten Babylons, Assyriens und Chaldäas — die
klassischen Beispiele dieses Uebergangs — ein solches
zwischen Wüste und Acker.

Aber auch diese Zwischenzeit geht vorbei. Man
wird ganz sesshaft, man gewöhnt sich an das neue
Leben und sucht hier wieder an die Aufgabe
heranzugehen, um deretwillen man die Wüste verlassen hat.

Aber sonderbar - - je länger der Mensch die
Wüste gemieden hat, um so leiser hallt der Ruf,
der ihn aus dem tierischen Schlaf der Wild-
heit weckte. Mehr und mehr droht eine gesellige
Knechtschaft an Stelle der geselligen Freiheit zu
treten. Da, jedesmal im entscheidenden Augenblick
der Gefahr, entsinnen sie sich ihres alten Ideals.
Wie ein Schrei klingt es in den Völkern wieder.
Dieser Schrei jedoch, er ist — eine Stimme der
Wüste.

2*

So oft seit jenen mythischen Zeiten grosse befreiende Gedanken aufstiegen, so oft sehen wir als Hintergrund den weiten Horizont der Wüste, der unfruchtbaren Ebene.

Wie die Heimat der Menschheit, wie ein stilles Vaterhaus, in dessen lauschige Heimlichkeiten man sich hineinflüchten kann, wenn einem die Welt mit ihren tausend Genüssen und Enttäuschungen allen Mut geraubt hat, und wo man von neuem Trost und Hoffnung und die Kraft schöpft, wieder einmal den verzweifelten Kampf aufzunehmen — so nimmt die Wüste sich aus als das verlassene, einförmige und doch so unendlich trauliche Vaterhaus der Menschheit. Hierhin sehen wir sie wieder und wieder zurückkehren, wenn die Welt da draussen alle die schönen Träume vernichtet hat, da kommt sie heim mit müdem Gang und stumpfen Mienen — und da geht sie fort mit blitzenden Augen und geradem Körper. Man hat den Trost gefunden, den man suchte.

Und dieser Trost, mit dem die Wüste immer wieder ihren verlorenen Sohn, den Menschen, aufrichtet, ihr ewiges ceterum censeo, das ist jenes uralte Gebot, das die Hirtenvölker der Steppe zusammenhielt in ihrer Moral einer geselligen Freiheit.

*　　*　　*

Es ist in Aegypten, dem alten Zauberland, wo die Toten wie Lebendige in eignen Städten wohnen ohne zu modern, wo die Lebendigen wie Götter Berge versetzen und mit einem übermächtigen Strom arbeiten wie mit einem zahmen Haustier — wo kein Mensch frei ist, wo Einer dem Andern dient und Alle den Launen des Bodens sich fügen müssen.

Zum erstenmal droht der Kulturmensch der Gefahr der Sesshaftigkeit zu erliegen. Wie Tiere sehen wir die Menschen in einzelne Herden geteilt und an die verschiedensten Orte zur Arbeit getrieben. Hier wirft man sie in die Stickluft ungeheurer Sümpfe, die sie austrocknen sollen. Dort müssen sie Kanäle ziehen, Wälle aufwerfen, Mauern türmen. Andere wieder stösst man in die Abgründe der Steinbrüche, aus deren Tiefen sie die Felsblöcke heraufzuwälzen haben, die über die Schultern wieder anderer an die Fundamente erstehender Pyramiden rollen. Bricht einer ermattet zusammen unter der Ueberlast der Fronarbeit, so fährt die Peitsche des Aufsehers auf ihn nieder, und kann auch das ihn nicht wieder beleben, so schiebt man ihn bei Seite wie ein verendetes Tier.

Es ist ein ganzes Volk, das wir hier bei der Arbeit sehen: das Volk Israel. Nie hatte das tyrannische Aegypten eine Sklavenkaste roher behandelt als dieses wehrlose Volk. Und dieser Zorn, dieser Hass hatte seine guten Gründe. War Israel doch nur ein Teil des grossen Hirtenvolkes, vor dem Aegypten einst sich hatte beugen müssen. Indem Aegypten an Israel seine ganze Wut ausliess, es hasste und misshandelte wie kein unterworfenes Volk vorher, rächte es sich für das Geschehene — betäubte es die Stimmen des eigenen Innern, die ihm die blosse Möglichkeit einer solchen Vergangenheit vorwarf.

Eine bittere Erinnerung in der That, diese Vergangenheit. Sie selbst waren blutverwandt den Stämmen, denen sie unterlegen waren. Aber wie lange hatten sie bereits deren unstetes Leben aufgegeben! Ungezählte Generationen hatten schon das Ackerleben geübt, waren den Gewohnheiten ihrer Vorfahren fremd geworden und dünkten sich nun unendlich über sie erhaben. Eine Anmassung ohne Gleichen schien es ihnen, als neue Völker vom Osten herüberzogen und Durchzug durch ihr Land begehrten. Mit dem Schwert in der Hand schlugen sie alle Bitten ab.

Mit dieser stolzen Weigerung waren die Hirten im Innersten ihres Wesens gekränkt. Sie stellten sich zum Kampf. Die ersten Niederlagen konnten

sie nicht irre machen. Karawanen vereinigten sich
mit Karawanen. Und wie die Wasser vom Osten
mächtiger und mächtiger anschwillen, da wendet
sich das Glück, und als sie wieder einmal weit aus-
holend heranbrausen, vermag nichts ihrer Gewalt
zu widerstehen. Alle die starken Dämme von
Menschen und Eisen und Felsen werden weg-
gespült wie leichter Ufersand, und das Land, das die
Ufer des Nils beherrschen konnte, ist ohnmächtig
gegen diesen Menschenstrom, der weit und breit
sein Gebiet überschwemmt.

Die Hirten hatten gesiegt — aber dieser Sieg
war ihr Verderben. Er war der Anfang jener ganzen
Reihe von späteren Niederlagen, die aus einem
Volk freier Männer einen Haufen ehrlosen Gesindels
machten; denn er konnte die Sieger verleiten, das
Land, das sie mit so ungeheuren Verlusten erobert
hatten, dauernd zu behalten, die Menschen, die
ihnen soviel geschadet hatten, als Sklaven in ihre
Dienste zwingen.

Fünfhundert Jahre dauerte die Herrschaft der
Hirten. Qualvolles Schauspiel, während dieser Zeit
den allmählichen Verfall eines herrlich gearteten
Volkes zu beobachten! Wie mit der Gefahr nach
und nach auch ihre Kraft vergeht, ihr Mut, ihr
Stolz. Sie werden weichlicher, sie sinken tief und

tiefer. In demselben Mass aber wie ihre Zuversicht
schwindet, nimmt die der Aegypter zu. Ganz
natürlich, ganz selbstverständlich musste schliesslich
das grosse Unglück über sie hereinbrechen. Wie
das Wasser einer sich senkenden Ebene folgt, so
drängten jetzt die wiedererstarkten Aegypter zurück
aus den oberen Ländern, in die man sie gewaltsam
zusammengestaut hatte. Dasselbe Schauspiel des
stets erneuerten und stets mächtigeren Angriffs,
das die Hirten einst nach Aegypten hineingeführt
hatte, wiederholt sich jetzt. Diesmal, um sie heraus-
zudrängen. Vergebens, dass sie sich mit ver-
zweifelter Starrheit in die unzugänglichen Sümpfe
des unteren Nilthals zurückziehen. Es bleibt ihnen
schliesslich nichts übrig als die Waffen zu strecken
und die Bedingungen der Aegypter anzunehmen.
Diese Bedingungen aber verlangen: Auszug oder
Unterwerfung.

Hätte das Volk, das den Aegyptern nach
langem Kampf unterlag, noch irgend welche Aehn-
lichkeit gehabt mit dem, das einst nach Aegypten
gekommen war: diese aufgezwungene Wahl des
Auszugs oder der Unterwerfung hätte ihm sein
ganzes früheres Wesen wiedergegeben. Aber dazu
war es zu spät. Nicht einmal eines einheitlichen
Entschlusses war es fähig. Nur ein Teil des

Volks verliess Aegypten, um sich auf der Rück-
wanderung nach Osten allmählich zu zersplittern
und spurlos in der Masse anderer Völker zu verschwinden. Der andere Teil aber konnte das Schreckliche wagen, konnte so sehr die Freiheitsliebe seiner
Vorfahren vergessen, dass er sich in die unbedingte
Herrschaft der Aegypter fügte — nur um die Vor-
teile der Sesshaftigkeit, in die er sich hineingelebt
hatte, nicht zu entbehren.

Dieser Teil des Volkes war es, den Aegypten
für die Vergangenheit entgelten liess. Israel dachte
aufzugehen in Aegypten, als es sich für die Unterwerfung entschloss. Aber mit dem ganzen Hass
des besiegten und wieder zur Macht gekommenen
Volkes wandte man sich jetzt von ihm ab, wie
von einem minderwertigen Geschlecht.

Doch gerade das brachte Israel wieder zur Be-
sinnung. Gemeinsame Feindschaft vereint, gemeinsames Leiden befreundet. Sie fühlten sich wieder
als etwas Zusammengehöriges, als Volk. Und
fanden sie auch den vermittelnden Uebergang noch
nicht, der sie in Berührung brachte mit der eigenen
grossen Vergangenheit, so begann doch langsam
der alte Wunsch nach Freiheit sich wieder zu regen.

Wenn solche Stimmungen wach werden in der
Seele eines Volkes, dann pflegt es nie an einem

Mann zu fehlen, in dem diese Stimmung stärker
als in allen andern auflebt. Traumhaft erst, neblig
verschleiert, wie das unklar denkende Volk selbst
sie empfand. Aber soviel schneller die Entwickelung eines Einzelnen ist als die eines Stammes,
soviel schneller entwickelt sich der befreiende Gedanke in jenen Auserwählten. Während die Menge
noch in nicht fassbaren Träumen sich ergeht, ge-
winnt in seinem Geist der Plan der Ausführung
bereits feste Formen. Das Bewusstsein, mit der
allgemeinen Stimmung feste Fühlung zu haben, tritt
hinzu, und verleiht ihm jenen Mut zur That, der
in unwiderstehlicher Begeisterung mit sich fort-
reisst. Und so vermag er, tragend und getragen
zugleich, dem Volk zu geben, wonach es verlangte.

Ein solcher Mann war Moses. Er eröffnet die
Reihe der eigentlichen Schicksalsmenschen unseres
Geschlechts, jener Menschen, denen die Doppelauf-
gabe der Führung eines führenden Volkes zufällt.
Grosse Männer gab es auch vor Moses. Aber das
Buch der Menschheit wird sie nicht verzeichnen.
Was kann uns an ihrer ungeheuren Energie, ihrer
Anziehungskraft und Ausdauer liegen! Die Völker,
die sie in das Geleise ihres Willens zwangen, haben
der Menschheit nichts genützt, und mit dem An-

denken an sie wird auch das an jene grossen Männer verschwinden.

Und dann — kann man überhaupt von einem eignen Willen reden bei diesen „grossen Männern"? Sie haben geherrscht, tausende ihres Gleichen waren ihnen gehorsam wie einer unabwendbaren Naturmacht. Aber verfolgen wir die Quellen ihrer Herrschaft, sehen wir dann nicht gerade das Beste ihrer Gewalt als etwas von aussen Zugetragenes, ihnen selbst nicht Angehöriges? Alle die grossen Führer und Helden und Könige der ältesten Zeit ragten wohl hervor durch grösseren Blick und festeren Willen, niemals aber hätte dieser grössere Blick und festerer Wille allein genügt, sie an die Spitze einer Horde, eines Stammes, eines Staates zu bringen. Erst die Verehrung macht den Helden, erst das allgemeine Bedürfnis, einem Einzelnen zu folgen, einem einheitlichen Willen sich unterzuordnen, jene grossen Männer. Im besten Falle sind es Diktatoren.

Anders der Schicksalsmensch. Von entgegenkommender Liebe, von unmittelbarer Verehrung ist in seinem Leben nichts zu finden. Gegen, nicht durch die Menge wurde er, was er ist. Der grosse Mann tritt auf in solchen Völkern, die sich ganz klar sind über das, was ihnen gerade not thut: der Schicksalsmensch in solchen, die in dem Durch-

einander verwickelter Verhältnisse den rechten Weg
verloren haben. Mühsam muss er erlauschen und
ergrübeln, was jenen als vollendetes Geschenk in
den Schooss fällt. Und hat er dann endlich das erlösende Wort gefunden — ist es nicht natürlich,
dass nur die wenigsten ihn sogleich verstehen?
Dass unzählige Stimmen und Arme sich gegen ihn
erheben und sein ganzes Leben sich abspielt wie ein
grosses Trauerspiel?

Das gefangene Israel, das misshandelte Sklavenvolk, das nirgends mehr aus und ein wusste, war
das erste, das solch einen Schicksalsmenschen nötig
hatte. Bis dahin waren in der Geschichte der
Menschheit die einfachen Verhältnisse thätig gewesen, die einst die verschiedenen Arten der Tiere
hervorgetrieben hatten. Die Vereinigung in Horden,
das Steppenleben dieser Horden, die übersichtlichen
Verhältnisse der ersten Ackergemeinden — hinter
alledem wirkte eine treibende Kraft von solcher
Einfachheit, dass sie in ganzen Massen unmittelbar
einsetzen konnte. Die erste tiefe Entfremdung jedoch
vom einfachgrossen Leben der Wüste brachte eine
Verwirrung, aus der es einen Ausgang nur gab
durch die Leitung eines Schicksalsmenschen, wie
Moses es war.

Dreimal nur hat die Menschheit bisher Männer

von seiner Grösse auftreten sehen. Alle hatten
dasselbe Geschick: die Gedanken, Wünsche, Hoffnungen und Befürchtungen ganzer Völker liefen
zusammen in ihrer Seele und zerrissen sie im Gefühl der ohnmächtigen Ratlosigkeit, die jene Völker
selbst aufs Krankenlager warf. Alle gingen denselben Weg, um den Kampf in ihrem Innern aus-
zufechten: den Weg in die Wüste. Die Einsamkeit,
die Entbehrungen und — der grosse Horizont der
Wüste allein konnten sie ins Reine bringen mit
sich selbst, mit ihrem Volk und ihrer Zeit. Die
Einsamkeit: denn nur sie lässt uns die Stimmen
des eigenen Innern vernehmen; die Entbehrungen:
denn nur bei ihnen werden diese Stimmen uns auch
verständlich; der weite Horizont: denn nur seine
kahle Fläche lässt unsern Geist so ganz ungehindert
arbeiten, dass wir die innern Stimmen ordnen und
beherrschen lernen — dass wir fähig werden zu
dem grossen Werk, welches die Gedanken umsetzt
in die That. —

Unfreiwillig sehen wir Moses in die Wüste
hinausziehen. Er muss fliehen. Ein Mord, zu dem
er sich im Augenblick der Leidenschaft hinreissen
liess, treibt ihn fort. Bis dahin hatte er der
ägyptischen Priesterkaste angehört. Der Schutz
dieser Kaste hätte ihn wohl vor manchen Ver-

folgungen schützen können, aber dass er jenen
Mord aus Zorn über die Misshandlung eines Israeliten
begangen hatte, dass musste ihn bei den Priestern
unmöglich machen; denn gerade das war ihnen ein
Beweis, wie unausrottbar das alte Stammesbewusst-
sein in ihrem Zögling war.

So musste Moses Aegypten verlassen, so kam
er in die Wüste.

Der grosse Gedanke, den er hier als den be-
herrschenden Mittelpunkt all der qualvoll sehn-
süchtigen Wünsche und Anschauungen seines Inneren
herauserkannte, auf den die Geschichte Israels und
in dieser die Geschichte der Menschheit hindrängte,
das war der Gedanke des Monotheismus.

Welch ungeheuren Fortschritt zum Ziel des
freien Menschen bezeichnet dieser einzige Gedanke!
Millionen unberechenbarer und in ihrer Schweig-
samkeit furchtbarer Dämonen liessen die Menschheit bis dahin nicht aufatmen. In jedem Baum, jeder
Quelle, jedem Stein hielt solch ein unheimliches
Wesen sich versteckt. Wehrlos war man seinen
Launen und Tücken preisgegeben, und nur durch
ständige Opfer, durch Abgaben und Selbsterniedri-
gungen konnte man sich einigermassen das Wohl-
wollen dieser Götterwelt erbetteln. Mit einem Streich
wird nun diese ganze entsetzliche Welt in zwei

Teile zerspalten: in eine himmlische und eine irdische.
Die irdische ist Geschöpf, so gut wie der Mensch,
ist ohnmächtig, beherrschbar. Nur der himmlischen
Sippschaft sind wir noch verpflichtet. Aber auch
da ist kein wirres Durcheinander mehr, sondern alle
Dämonen sind die unselbständigen Werkzeuge
eines einzigen, vor dem allein man sich noch zu
fürchten hat.

Dass nur ein Beduinenvolk fähig war, diese
höhere Naturanschauung, die Bedingung des Monotheismus, vorzubereiten, das ist der tiefen Wissen-
schaft bereits klar. „Nur, wo die Natur kärglich ihre
Gaben spendet (Humboldt, Kosmos), schärft sie den
Sinn des Menschen, dass er auf jeden Wechsel im
bewegten Luftkreis wie in den Wolkenschichten
lauscht, dass er in der Einsamkeit der starren Wüste
wie in der des wellenschlagenden Ozeans jedem
Wechsel der Erscheinungen bis zu seinen Vorboten
nachspürt. ... Wo dem Boden der Schmuck der
Wälder fehlt, beschäftigen die Lufterscheinungen,
Sturm, Gewitter und langersehnter Regen um so
mehr die Einbildungskraft."

Wie widersinnig musste den Hirtensemiten vor
Allem der ägyptische Glaube scheinen, ein Glaube,
der die Natur so wenig kannte, dass er sogar Tiere
anbetete, Tiere, wie sie zum Teil die Karawanen

herdenweise mit sich nahmen! — Doch auch die
andere Lehre, die jeden Baum und Stein verehrte,
konnte hier nicht lange herrschen. Als göttlich, als
bestehend im Wechsel sollten sie Dinge verehren,
die so flüchtig an ihnen vorüberzogen? Nein, gab
es für sie etwas Göttliches, Ewiges, so musste es
das Einzige sein, was ihnen stetig vor Augen blieb,
was sie überall hin begleitete: der Himmel mit seinen
Erscheinungen. Diese Erscheinungen aber konnten
dem an den Horizont der Wüste gewöhnten Blick
nicht als die Verkörperung einer ganzen Schar von
Göttern gelten, die miteinander streiten und zanken
wie Menschen: sondern Ein Gott, ein unabhängiger,
selbständiger Gott musste es sein, der hinter ihnen
lebte, durch den sie erst wurden, Ein Gott, der auf
den Wolken dahinfährt, der im Winde redet, im
Donner zürnt, der im Regen die Brunnen und Bäche
füllt, und mit der brennenden Sonne starke Ströme
austrocknet.

Von Anfang an müssen Stimmungen dieser
Art in den alten Steppenvölkern lebendig gewesen
sein, und Renan hat Recht, den Semiten einen
monotheistischen Instinkt beizulegen. Aber auch
nur der Instinkt, die Fähigkeit, einen solchen Glauben aufzufassen, war da. Selbständig herausbilden
konnten die semitischen Völker den neuen Glauben

nicht. Dazu bedurfte es eines Schicksalsmenschen, wie es Moses war. — —

Die gelehrte Zweifelsucht hat neuerdings diese That in Frage gestellt. — Der staatlich geneh- migte Flug der akademischen Phantasie geht nicht gerade hoch. Wie diese Phantasie sich das Bild der ältesten Familienordnungen mit dem Puder und der Schminke moderner Bordells ausmalt, wie sie den alten Hebräern die Locken ringelt und den polnischen Schmutzkaftan anzieht, so kann sie sich auch in einem Moses nichts anderes vorstellen, als einen schneidigen Karawanenscheich. Sie deutet auf die unverkennbaren Spuren einer Naturreligion der Hebräer in Kanaan, und bittet um Auskunft, wie denn diese möglich gewesen wäre, hätte Moses bereits den Gott der Propheten klar erkannt und verkündet.

Ich möchte mir die Gegenfrage erlauben, wie denn die „christliche" Kirche der Renaissance mit ihren Bildern und Statuen und Palästen möglich war, obwohl sich doch Christus nicht gerade für einen solchen Gottesdienst erklärt hatte. — Die einzelnen Vorschriften des „Priestercodex" mögen aus nachexilischer Zeit stammen. Aber auch den Geist des Gesetzes in diese Zeit verlegen — das heisst einen Luther zum Verfasser des neuen Testaments machen.

Ein wenig mehr Psychologie könnte unserer
Buchgelehrsamkeit, unsern Schriftgelehrten nichts
schaden. Sie würden dann die Wirksamkeit eines
Mannes wie Moses und dessen Verhältnis zu seinem
Volk besser verstehen: sie würden einsehen, wie der
scharfe Blick eines Einzigen ein Ziel zu erkennen
vermag, das die Menge erst bemerkt, wenn sie nach
langer Wanderung unmittelbar davorsteht.

Vor allem aber würde sie sich klar werden über
den Zwiespalt zwischen Moses und Israel, der ihr
so doch ein Rätsel bleiben muss.

*   *

*

Vierzig Jahre, heisst es, sei Moses im Sinai geblieben. Mag die Zahl ungenau sein, soviel scheint
sicher, dass er als junger Mann Aegypten verliess
und im späten Mannesalter erst wieder zurückkehrte.
Zeit genug, mit sich selbst eins zu werden und den
Mitteln nachzugrübeln, mit denen am besten der Gedanke zur That zu bringen war.

Ueber die Richtung konnte er nicht schwanken.
Wie für alle Religionsstifter lag auch für ihn das
Heil in einer Reformation, einer Erneuerung, Um-
kehr. Den Grund der grossen Vergangenheit seines
Volkes sah er in dem freien Wüstenleben seiner

Vorfahren. Man war in die Knechtschaft geraten, als man dieses Leben verlassen hatte. War es da nicht offenbar, dass man das alte Leben wieder aufnehmen müsse, sollte die alte Grösse wieder erstehen?

Das war es, was Moses so lange im Sinai zurückhielt, was ihn bestimmte von einem der Steppenvölker sich aufnehmen zu lassen, ja sich durch eine Heirat aufs engste mit diesem Volk zu verbinden. Es war seine Lehrzeit. Hier lernte er die Sitten und Bräuche seiner Vorfahren kennen, hier bildete er in sich den grossen Karawanenführer aus, der ein ganzes Volk durch die Wüste führen konnte — hier spannte er selbst die Fäden, in deren Schlingen er sich später so entsetzlich verwickelte. Was seine Phantasie, seine Sehnsucht ihm mit so glühenden Farben ausmalte, das war nicht mehr das Volk Israel am Nil. Ein Idealvolk stand in seiner Seele, von Wünschen und Fähigkeiten belebt, die den ägyptischen Sklaven schon längst erstorben waren. Das sah Moses nicht, das wollte er nicht sehen, ein Menschenalter hindurch brannte er sich das Bild dieses zweiten, schöneren Volkes ein — das war 'sein Schicksal, sein Verhängnis.

Er verfiel dem Irrtum aller grossen Männer, die in ihrem eignen Bild, das ihres Volkes wiedersahen. Gewiss im tiefsten seiner Seele ist dieses

Volk mit ihnen eins. Aber wieviel Schutt und Unrat
lagert über dieser Tiefe! Wieviel Zeit vergeht, bis
das alles weggeräumt ist! Die Lebensarbeit selbst
der Grössten erschöpft sich darüber, und ohne die
Früchte ihrer Arbeit zu sehen, sinken sie ins Grab.
Wüssten sie von Anfang an, welche übermensch-
liche Last das Schicksal ihnen bestimmt, sie würden
verzagt am Ausgang ihres Weges stehen bleiben.
Doch eine Selbsttäuschung lässt sie ihr Ziel so greifbar nahe sehen, dass sie nicht ruhen können. Und
wenn sie dann den ersten Punkt erreicht, und noch
nichts Festes in den Händen haben, dann wieder
scheint das Ideal so lockend, dass sie von Neuem
vorwärts gehen. Und so, von Punkt zu Punkt
getrieben, setzen sie über Strecken hinweg, deren
Länge die Kraft von zehn, von hundert Menschen zu
verbrauchen scheint. Die Blindheit, die ihnen täglich
den Erfolg ihrer Mühen in Aussicht stellt, das ist die
eigentliche Bedeutung grosser Männer. Ihre ganze
Grösse ruht auf einem Irrtum.

Der Irrtum, dessen Opfer Moses wurde, war die
Ueberzeugung, dass der Anblick der Wüste auf ganz
Israel so wirken müsse, wie auf ihn selbst, dass es
seinem Volke nicht schwerer fallen würde wie ihm,
unmittelbar die Sprache der Natur zu verstehen.
Der Seevogel, der im Inland geboren wurde, kennt

das Meer, auch wenn er es nie gesehen hat; ein
Zufall braucht ihn nur an den Strand zu führen, und
er schwingt sich über die Wellen so sicher, als ob
er sie nie aus den Augen verloren hätte. So etwa
dachte Moses sich die Rückkehr seines Volkes in
in die Wüste. Seine Lebensaufgabe glaubte er
vollendet, wenn er Israel an den Rand der Wüste
geführt hätte. Ja selbst diese Aufgabe schien ihm
leichter, unendlich leichter als sie war; denn mit dem
Volk am Nil glaubte er sich so eng verbunden wie
mit dem Volk in seiner Phantasie.

So zog er, ein greifbar nahes Ziel vor Augen,
nach Aegypten zurück. — Damit begann seine
Leidensgeschichte.

Ueber die Einzelheiten des Empfangs bei seinem
Volk wissen wir nichts. Nur das steht fest, dass
man seinen Planen und Gedanken über die Befreiung Israels nicht im mindesten entgegen kam.
Eine stumpfe Resignation, ein trübes Kopfschütteln
— ein tiefes Misstrauen: das war die Antwort, die
man ihm gab, mit dieser eisigen Zurückhaltung trat
ihm das Volk entgegen, an das er Tag für Tag ein
Leben lang mit Liebe und Sehnsucht gedacht hatte.

Die Ratlosigkeit über diesen Empfang scheint
es gewesen zu sein, die ihn auf ein verzweifeltes
Mittel geraten liess. An einen offenen Aufstand war

nicht zu denken. Er musste es mit List versuchen. Aber wie? — Seine Verwirrung gab ihm das denkbar schlechteste Mittel ein. Er ging zum Pharao. Ein religiöses Fest verlange von den Israeliten eine Zusammenkunft in der Wüste. Das Fest nehme drei Tage in Anspruch. Der Pharao möge sie solange von den Fronarbeiten entbinden; durch zwiefachen Fleiss würden sie das Versäumte bald wieder eingeholt haben. —

Der Erfolg seines tollkühnen Unternehmens war nicht anders, als er es bei ruhigerem Denken im Voraus hätte berechnen können. Wütend über die Zumutung, die man ihm stellte, befahl der Pharao die Frondienste dieses Sklavengesindels, das sich erfrechte einen eigenen Gott zu verehren, in jeder Weise zu verschärfen. Es müsse diesem Haufen zu gut gehen, wenn es auf solche Gedanken und Wünsche kommen könne.

Moses war in Verzweiflung. Was half es ihm, dass die Unzufriedenheit der Israeliten gegen dieses Zwangsregiment aufs Aeusserste stieg — man machte ihn für die neuen Lasten verantwortlich. War man ihm bisher mit Misstrauen begegnet, so begann sich jetzt ein offner Hass zu regen.

Schon glaubte er alles verloren, als der Zufall ihn in einer Weise unterstützte, die ihm sein ganzes

Vertrauen wiedergab; denn er konnte darin nichts
anderes sehen, als das Wirken Gottes selbst. Es
war Sommer. Eine ungewöhnliche Hitze lagerte
über dem Nil. Wenn so die Sonne mit ihrer ganzen
Kraft auf den heiligen Strom niederscheint, entlockt
sie ihm eine Brut von Plagen, so mörderisch, und
furchtbar, wie die Geschenke, die sie zu anderer
Zeit dem Lande giebt, gesegnet und verschwende-
risch sind. Plagen mannigfacher Art sind es, deren
sie dann fähig ist; doch schont sie die Länder
wenigstens soweit, dass sie fast nie mehr als eine
ihrer Furien wüten lässt.

Anders diesmal. Es war, als ob sie einmal über
ihre ganze schreckliche Rotte Heerschau halten wollte.
Da schwirrten Sumpfmücken und Stechfliegen in
dunklen Ballen durch die Luft. Frösche zu tausenden
und abertausenden krochen herauf. Hinter keiner
Thür, hinter keinem Riegel schien man vor ihnen
sicher. Das Wasser im Nil faulte wie in einem
Sumpf. Dann die schwirrenden Wolken der Heuschrecken. Und bei alledem jener trockenheisse
Wind, mit dem der Todesengel der Pest seine Opfer
vor sich herwirft.

Kein Zweifel, ein solches furchtbares Unglück
konnte nur der Gott schicken, der auf der Seite
Israels stand. Nie hatte Moses eine solche Zuversicht

zu sich selbst empfunden, wie in diesen Tagen des allgemeinen Unglücks. Und diese Zuversicht flammte in seinen Aeusserungen so gewaltig auf, dass mit einem Schlag die Stimmung über ihn sich änderte. Man musste diesem Mann glauben, wenn er die Verwirrung und Ratlosigkeit der Fronherrn als untrügliches Zeichen dafür hinstellte, dass Gott Israel seinen Schutz verbürge, dass alle jene Plagen nur zu ihren Gunsten über Aegypten verhängt seien. Nun folgte man ihm willig in Allem was er vorschlug.

Unter dem Schein eines Festes, das man in Ramses feiern wollte, kam man in der Hauptstadt Gosens zusammen. Die Fronvögte hatten nichts dagegen, da das Fest ja gleichsam unter ihren Augen stattfand.

Und in der That schien auch der Anfang ihre sorglosen Vermutungen zu bestätigen. Jede der israelitischen Familien schlachtete ein Lamm, und bestrich mit dem Blut Oberschwelle und Thürpfosten des Hauses, in dem es opferte. Was konnte das anderes sein als ein harmloser ritueller Brauch? — Sie ahnten nicht die tiefe Bedeutung des Hirtenopfers, das die Israeliten nach jahrhundertelanger Knechtschaft dem Gott der Nomaden, dem Gott der Freiheit wiedergab.

Doch darüber sollten sie bald belehrt werden.

Kaum hat man sich durch das Opfer wieder zum Gott der Väter bekannt, als man die Maske fallen lässt. Noch in der Nacht ordnet man sich notdürftig in einen marschfertigen Zug. Die Fronvögte, die zuerst Einspruch erheben wollen, werden niedergemacht. Die Häuser der Aegypter werden geplündert, und zuversichtlich über den guten Anfang wendet man sich nach Süden. Auf dem Weg schwillt der Zug mehr und mehr an. Als man endlich an der Nordspitze des Schilfmeeres angelangt ist, zählt das Heer soviele Köpfe, dass man getrost den Angriff der Aegypter abwarten könnte, die jetzt den Flüchtlingen mit bewaffneter Macht nacheilen.

Aber Moses will das Schicksal in diesem Augenblick nicht versuchen. Es ist gerade um die Zeit der Ebbe. Mit schnellgefasstem Entschluss entscheidet er sich für die Durchschreitung des Meeres. — Der Streich gelingt wider Erwarten gut.

Die Aegypter setzen unmittelbar hinter ihnen her. Doch in diesem Augenblick ist die Stunde der Ebbe vorüber. Die Wasser rauschen zurück. In wahnsinniger Verwirrung stürzen die Aegypter teils zurück, teils vorwärts zum Festland. Zu spät. Das Wasser eilt schneller, und während Israel am andern Ufer sich noch rüstet zur Erwiderung eines Angriffs, da versinkt ein grosser Teil des ägyptischen

Heeres in den Wellen: der gehasste Pharao an der Spitze.

War noch einer im Zug, der am Beistand Gottes zweifelte, so wurde er bekehrt beim Anblick dieses furchtbaren Schauspiels. Das war die Hand Gottes. Nun zweifelte man nicht mehr am guten Ausgang des Wagnisses, und in freudiger Zuversicht trat man den Marsch an nach Südosten — den Marsch in die Wüste. — —

Die ersten Tage waren vorüber. Ein düsterer Zug wälzte sich langsam über die öden Sandflächen, vorbei an kahlen Syenit- und Porphyrfelsen. Kein freudiger Ruf mehr, kein ausgelassenes Toben und Springen — ein überdrüssiges Sichfortschieben, und nur hier und da ein dumpfes, fast drohendes Gemurmel.

Der Freudenrausch war kurz. Am ersten Tag bereits, als der Marsch kein Ende nehmen wollte, lagerte etwas wie Missmut über der Menge. Man war hierher gekommen, um ein Leben der Freiheit zu geniessen. Und nun gleich zu Anfang diese Strapazen! Aber dabei blieb es nicht einmal. Mangel trat ein, es fehlte an Wasser. Und welche Speise man ihnen bot, wenn man sie halb ausgehungert hatte! Deshalb aber hatte man sie aus Aegypten geschleppt! Aegypten, das Land mit den bunten Städten und Menschen, mit dem frohen Leben und der lachenden Natur, dieses Land trat immer schöner, immer verführerischer vor ihre Seele, je weiter sie sich von ihm entfernten. Was waren dagegen diese einförmigen Ebenen, diese beklemmend ernsten Steinmassen! Hier quälten sie keine Fronvögte, hiess es. Fronvögte, gewiss, die gab es hier nicht; aber etwas Schlimmeres war an ihre Stelle getreten: der Geiz der Wüste. Wurden sie von den Fronvögten nicht entschädigt durch eine kräftige Nahrung? Die Fleischtöpfe Aegyptens — wo gab die Wüste einen Ersatz dafür?

Aber Moses hatte sich in die neue Lage bereits gefunden. Der Wechsel war zu schroff gewesen für das Volk. Nicht mit einem Schritt war der Uebergang vom Leben der Sesshaftigkeit zu dem der Wanderung zu bewältigen. Nun gut, sie sollten sich langsam daran gewöhnen. Im Süden der Halbinsel sollten sie sich zu einer längeren Rast niederlassen. Die Steppen waren hier fruchtbarer, sie konnten sich an das Hirtenleben gewöhnen und dessen Vorzüge kennen lernen. Musste dann der Wunsch zur Rückkehr nach Aegypten nicht von selbst vergehen?

Und wirklich, die Thatsachen schienen sich dem Willen Moses anzupassen. Nach unsäglichen Mühen gelang es ihm, das Volk an den Fuss des Berges zu bringen, der der Halbinsel ihren Namen gab. Die Nachricht, dass man sich hier auf längere Zeit festsetzen wolle, schien der Menge neuen Mut zu geben. Ein frisches Leben tauchte auf in den Zelten. Mit freudigem Stolz sah Moses, wie sie mehr und mehr die Gewohnheiten des Wanderhirten annahmen. Sein Traum schien Wirklichkeit zu werden: das war das Leben seiner Vorfahren, was da leise, leise in der Asche wieder zu glimmen begann.

Eins nur noch fehlte ihnen: der Glaube der Vorfahren, ihre Anschauung der Welt. Bisher hatte er nichts gethan, als ihre alten Anschauungen verneint und durchgesetzt, dass keine Götzenbilder verehrt wurden. Sichtbare Bilder zu verehren, das war der Glaube der Aegypter, eines sesshaften Volks. Der Wanderhirte dachte anders. Moses selbst empfand diesen Glauben, aber in Worten aussprechen was er dachte, es so sagen, dass es dem Volk verständlich wurde, das konnte er noch nicht. So wollte er denn noch einmal die Einsamkeit aufsuchen, allein sein wie damals, als er die Wüste zum erstenmal sah und der Gedanke an den Gott der Wüste zuerst in ihm lebendig wurde. Die Höhen des Sinai wollte er erklimmen und dort den Schlussstein suchen, der sein stolzes Gebäude krönte. — —

Zwei Monate waren verstrichen, als Moses sich

wieder auf den Rückweg machte. Sein Auge
strahlte. Klar hatte er alles durchdacht, was zu
sagen war. Nun drängte es ihn unter das Volk zu
treten und ihm die erlösenden Worte zuzurufen.

Schon war er in der Nähe des Lagers, als ein
ungewöhnlicher Lärm ihn aufmerken liess. Sein erster
Gedanke war, die Israeliten seien überfallen, und der
Lärm sei Kriegsgeschrei. Aber jetzt hörte er, es
war kein Geschrei, sondern geordneter Gesang.

Von einer unerklärlichen Angst gepackt eilte
er schneller vorwärts. An einer Wendung des Berges
musste er das Lager überblicken können. Mit
klopfendem Herzen blieb er stehen.

Ein Blick nur abwärts, und das Blut, das ihm
die Erregung in den Kopf getrieben hatte, zog sich
jäh zum Herzen zurück. Wie im Traum starrte er
hinunter. Kein Zweifel. Das war ein Opferfeuer,
was da auf dem freien Platz in der Mitte des Lagers
loderte, und die Männer, die dort im Reigen herum-
sprangen, verehrten das goldne Tierbild auf dem Altar.

Lange blieb Moses regungslos stehen. Die
Thränen schossen ihm in die Augen. Das war also
der Erfolg seiner Lebensarbeit! Das alte Israel
wollte er wieder erstehen lassen, und nun hatte er
ein neues Aegypten in der Wüste gegründet. . . .

Dann aber raffte er sich zusammen. Mit ge-

ballten Fäusten stürzte er wie ein Rasender dem
Lager zu. Der Schweiss drängte ihm aus allen
Poren, das Blut drohte seinen Schädel zu zertrümmern.
Aber er hielt nicht inne, bis er sich zur Mitte des
Lagers durchgezwängt hatte. Mit einem Faustschlag
stiess er das Tierbild in die Flammen. Dann sah
er sich keuchend und zitternd im Kreis um.

Langes Schweigen erst.

Aber kaum war das erste Staunen, der erste
Schreck vorüber, da regte sichs im Kreis. Ein
Summen, Murren, Drohen, ein Engerschliessen des
Ringes um den Altar. Bebend vor Wut stürzte
Moses auf den Nächsten ein, riss ihm das Schwert
von der Seite, und zum Altar zurückspringend schwang
er es hoch in die Luft.

„Her zu mir, wer dem Herrn gehört!" über-
schrie er das Gewirr der Stimmen.

Ein Augenblick atemloser Stille. Die Schwert-
gestalt dort mit dem langen Weissbart, die das Feuer
so zauberhaft umlohte, wirkte wie eine überirdische
Erscheinung. Das Goldtier, das vorhin dort stand,
war ein Wahrzeichen Aegyptens: in diesem Alten
lebte Israel.

Der jähe Wechsel musste auch den Blödesten
zum Entschluss bringen. Wie ein Gewitter brach
es plötzlich los. Einer allein sprang zuerst an Moses

Seite. Ihm folgten andere. Nicht lange, und die Parteien hatten sich geschieden: die übergrosse Mehrzahl scharte sich um den Altar. So gering war die Minderheit, dass sie es zu überlegen schien, ob sie das Schwert nicht besser niederlegte.

Aber Moses liess es nicht dazu kommen. Gnadenlos befahl er sie alle zusammenzuhauen. —

Seltsamer Widerstreit der Empfindung, die dieses Ereignis in der Seele Moses entfesseln musste! Er hatte gesiegt. Aber wie lange hielt 'man bei ihm aus? Und selbst wenn er sich immer getraute seinen Willen durchzusetzen, was wurde dann nach seinem Tode aus Israel? War es nicht besser, er fügte sich den Wünschen des Volks? Sesshaft wollte es werden; das war die Hoffnung, die ihm bei der Ankunft am Sinai neues Leben verliehen hatte. Es war zu lange in Aegypten 'gewesen. Wieder ein Hirtenvolk werden und so den Uebergang zu der grossen Vergangenheit schaffen, das war ihm unmöglich. Und doch musste an diese Vergangenheit angeknüpft werden, sollte Israel eine Zukunft haben. Wie aber war das möglich, wenn er nachgab, und dem Volk ein Land zum festen Wohnsitz anwies?

Aber so furchtbar dieser Wirrwarr der Gedanken und Gefühle Moses zermarterte: sie waren es, die ihn endlich auf den richtigen Weg führten, die seine

Wünsche mit denen des Volkes in Einklang brachten.
Das eine musste ihm das Schauspiel des fremden
Opfers klar machen, dass so, wie er es gewollt hatte,
ein Zusammenhang mit der Vergangenheit Israels
nicht herzustellen war.

Trügt nicht Alles, so war es dieser Vorfall am
Sinaiabhang, der zuerst in Moses den Gedanken
erweckte, das Volk seiner Urheimat, Kanaan, dem
sagenumwobenen Land Abrahams wieder zuzuführen.
Der ganze Zug von Aegypten zum Sinai ist nur
verständlich als ein Versuch, aus dem Sklavenvolk
ein Hirtenvolk zu machen. Am Sinai jedoch ent-
schliesst Moses sich zu Aenderungen in der Anord-
nung des Zuges, die klar genug von dem Umschwung in seinen Absichten zeugen.

Und dann, jener zweite Sinaiaufenthalt, den die
Kritik sich vergebens abmüht aus der Geschichte
zu entfernen, wie will man ihn anders erklären als
eben aus diesem Umschwung? Durch ihn war Moses
zu seinem Volk in ein Verhältnis gebracht, das zu
neu war, als dass er es sogleich hätte durchschauen
können. Noch einmal musste er die Einsamkeit
aufsuchen, um in ihrer klaren Luft die Vorgänge zu
übersehen, auf die ihn das Geschick geführt hatte. —

Er war ein anderer geworden, als er von seiner
zweiten Bergeinsiedelei zurückkehrte. In dem Blick,

mit dem er Israel von jetzt ab betrachtete, lag etwas
wehmütig Resigniertes: die Stimmung des Vaters,
wenn er die schönsten Träume, die er der Zukunft
seines Lieblingskindes geweiht hatte, zerrinnen sieht.
Wohl hatte ihm sein Versprechen, sie zu festeren
Wohnungen zu führen, die ganze Liebe Israels wiedergegeben. Sesshaft werden wie in Aegypten, aber
nicht als Sklaven, sondern als Herrn, ein Land
wieder erobern, das ihnen von Uranfang an zu eigen
gewesen war, das freche Eindringlinge ihnen vorenthalten wollten — alles zusammen hatte eine Begeisterung im Volk geweckt, die ihn zufrieden
stimmen konnte.

Und doch drängte sich etwas Fremdes zwischen
ihn und sein Volk. Das Ideal eines ackerbauenden
Israel war ihm nicht vertraut, den Gott eines solchen
Volkes konnte er nicht klar erkennen. Als er dem
Hirtenvolk ein Gesetz geben wollte, da war es in
ihm thätig gewesen wie eine überirdische Macht.
Der „Finger Gottes" war es gewesen, der die Schrift
in diese Tafeln eingegraben hatte. Was er jetzt
ersann, das waren die Schlüsse seiner eigenen Vernunft — es war Menschenwerk. Er konnte nichts
thun, als sein Volk vor den Götzen des fremden
Landes warnen, und ihm alles verbieten, was es
diesen Götzen näher bringen konnte. Ihre Altäre

sollte es zertrümmern, ihre heiligen Bäume und
Malsteine niederwerfen, ihr Blut nicht mit dem der
fremden Leute mischen, und den eigenen Gott, den
Unsichtbaren nicht in einem Metallbild verehren.
Ein Gebot nur prägte er ihm durch einzelne Vor-
schriften tiefer ein: das des Hirtenopfers. Das sollte
Israel auf ewig ein Wahrzeichen der grossen Ver-
gangenheit sein, sollte ihm eine Stütze bieten im
Augenblick des Zweifels und des Schwankens. — —

Die neue Aufgabe verlangte eine neue Ordnung
des Volkes. Nicht mehr in den lockeren Schwärmen
der friedlichen Karawanen, sondern in den festen
Massen des angriffsbereiten Heeres musste man vor-
rücken. Mit wunderbarer Spannkraft vollzog Moses
die Umänderung. Er selbst bestimmte die Signale
für die Trompeten, die dem neuen Zug unentbehrlich
waren. Dann liess er das Lager abbrechen und
wandte sich nach Nordosten.

Noch eine Prüfung, schwerer als alle anderen,
sollte Moses auf seinem Leidensgang erfahren. Man
stand bereits bei Kades, vor den Thoren des ge-
lobten Landes. Alle Einzelheiten des Angriffs beim
Einbruch waren festgestellt, und nur zur Er-
forschung des Gebietes schickte Moses vorher noch
einmal Kundschafter aus. Nach einigen Tagen kamen
sie zurück. Sie konnten nicht genug die Herrlich-

keit der Früchte rühmen, die der Boden Kanaans
zeugte. Aber derselbe Boden, fuhren sie fort, trage
ein Geschlecht riesenstarker Männer und ungeheure
Burgen.

Die Nachricht verbreitete sich im Lager. Was
die Angst der Kundschafter übertrieben hatte, das
steigerte die Phantasie des Volkes ins Ungeheure.
Kein Gedanke, dass man dieses Land erobern könne.
Dem Riesengeschlecht gegenüber wären sie ohnmächtig. Eine neue Sklaverei stände ihnen bevor,
soviel furchtbarer, als die „Enakskinder" die Aegypter
an Kraft überträfen. Und wieder tönte der alte Ruf
des freiheitsungewohnten Sklaven: „Zurück nach
Aegypten!"

Moses drohte zusammenzubrechen. So nah am
Ziel, und nun wieder das Aufleben des alten Sklaven-
geistes! Er wollte zum Volk reden, aber man hörte
ihn nicht an. Sein Feldherr Josua entging mit
knapper Not der Steinigung, als er das Heer an
seine Pflicht erinnern wollte.

Da, als er schon alles aufgab, trat eine uner-
wartete Wendung ein. Ein Teil des Heeres hatte
sich abgesondert und drängte an sein Zelt. Sie wären
bereit zum Angriff und wünschten den Feind zu
sehen. Ihr ungestümes Drängen klang ihm wie eine
überirdische Stimme. Klar sah er es vor der Seele:

4*

das waren Keimlinge des Volkes, wie er es haben wollte. So hatte der Aufenthalt in der Wüste das Volk also doch erziehen helfen. Nur zu kurz war der Aufenthalt gewesen. Noch einige Zeit dieses rauhen Lebens, und die Saat, die hier ihre ersten schüchternen Triebe zeigte, werde an tausend Stellen zugleich hervorschiessen.

Mit blutendem Herzen sah Moses die kleine Schar in den sichern Tod ziehen. Er hatte sie nicht von ihrem Vorhaben abbringen können. So blieb ihm nichts übrig, als die Rückkehr ihrer versprengten Reste abzuwarten, und dann den neuen Plan auszuführen, für den er sich endlich hatte entscheiden müssen: Umkehr vor der Schwelle der neuen Heimat und Rückkehr in die Wüste, diesmal nach Südosten. — — —

Auf den traumesstillen Höhen des Abarimgebirgs fand die Tragödie ihr Ende. Es war ein jähes Zusammenbrechen. Ueberwunden hatte das Alter die furchtbare Reihe jener Schicksalschläge nicht: nur zurückgedrängt waren sie. Jetzt traf ihn das alles mit seiner ganzen übermenschlichen Wucht. Die Jugendkraft verliess ihn, denn die Aufgabe seiner Jugend war gelöst. Das war das neue Israel, das dort zu seinen Füssen in den bunt zerstreuten Zelten am Saum des Berges lagerte. Die kleinen ˙ sieg-

reichen Gefechte gegen die Medianiter, Moabiter und
Amoriter hatten dem Volk seinen alten Mut, seine
alte Zuversicht — seine alte Freiheitsliebe wiedergegeben. Nun lag es vor ihnen, das heissersehnte
Land, in dem sie als Herrn schalten sollten, das ge-
lobte Land der Verheissung. Dort, jenseits der stillen
Jordanfluten breitete es sich aus. Fern aber, am Horizont, von der Höhe des Nebo aus deutlich erkenn-
bar, stiegen die Thürme und Mauern Jerichos auf,
der Stadt, durch die Israel wie durch ein unge-
heures Siegesthor hindurch Einzug halten wollte in
seine neue Heimat. Welche Macht der Erde durfte
es noch wagen, sich zwischen diese halb verzweifelten
Horden und ihre Beute zu werfen? Wer wollte
diesem Volk entgegentreten, das in dem Bewusstsein
kämpfte, im Rücken einen Strom mit abgebrochenen
Brücken zu haben? Sicher, das Ziel war erreicht.

Aber was ganz Israel mit neuem Lebensmut
erfüllte, das musste dem Führer Israels den letzten
Rest an Kraft entziehen. Wie der Zugvogel, der
den weiten Weg über das Meer mühelos scheinbar
zurücklegt, totmüde niederstürzt, sobald er das Festland unter sich sieht, so sank Moses zusammen.
Sein Tod war tragisch wie sein ganzes Leben.

*　　　*

*

Sie waren nun die Herren Kanaans. Josua hatte
Bahn gebrochen, die Richter hatten den Boden ge-
ebnet. Von Zeit zu Zeit brauste es wohl noch einmal auf wie in einem nicht ganz erloschenen Krater.
Aber auch die Aufstände warf man nieder, und
nichts mehr schien ihrer Herrschaft sich entgegen-
zustellen.

Und doch sollte auch dem neuen Reiche seine
Stunde schlagen, sollten die Unterdrücker besiegt
werden von den Unterdrückten. Nicht in offenem
Kampf, sondern in langsam vordringendem Unter-
wühlen.

Es war dasselbe Schicksal, das einst die Hirten
in Aegypten verdorben hatte. Eine lichtscheue Maul-
wurfsarbeit, die Vorbereitung zu diesem Sturz. Kein
Auge kann unmittelbar die Mächte sehen, die sich
da sacht aber unermüdlich vorwärtsarbeiten. Nur
mittelbar, am abbröckelnden Kalk, an den bloss-
liegenden Mauern, den immer wachsenden Spalten
und Rissen lässt der Fortgang sich beobachten. Der
langsame Verfall des alten Kultus, den Moses in
seinen Grundmauern so fest gebaut hatte, ist solch
ein mittelbares Zeugnis. Hier wird es uns erklärlich,
wie Israel so plötzlich nach seiner „höchsten Blüte"
hinstürzen konnte. — Es war kein Aufwärtssteigen,
die Linie Josua — Gideon — Saul und David

Der Gott Moses', der alte Jahve, war anfangs noch der Gott Israels. Allmählich aber wirkte die Zerstreuung durch das grosse Land. Man verehrte den alten Gott nicht mehr gemeinsam wie einst in der Wüste, nicht mehr an einem Ort: die Stätten des Kultus häuften sich mehr und mehr. Und wo konnte man ihm schliesslich besser opfern, als an den altgeheiligten Orten des Landes selbst?

„Ihre Altäre sollt ihr zerstören, ihre Malsteine zertrümmern, und ihre heiligen Bäume umhauen!" So hatte es ihnen Moses zugerufen in warnender Vorsicht. Man that es nicht — und das war der erste Schritt zum Untergang. Nur an den heiligen Bäumen, Quellen und Steinen opferte man erst. Nicht lange, und die Opfer galten den heiligen Bäumen, Quellen und Steinen.

Das Hirtenopfer war das festeste Band gewesen, das Israel unter sich und Israel mit seinen Gott zusammenhielt. Auch das trat jetzt zurück. Statt dessen drei neue Feste, die Feste eines Landvolkes — die Feste des unterdrückten Kanaan: der Gerstenmahd zu Ostern galt das eine, dem Weizenschnitt zu Pfingsten das andere, der grossen Herbstlese das dritte. In diesen Festen lebte das alte Kanaan wieder auf — siechte das alte Israel hin. —

Im Norden, im Zehnstämmereich, trat der Umschwung zum erstenmal klar zu Tag. Der Regierungsantritt des Königs Ahab bezeichnet den Wendepunkt. Nichts mehr vom alten Israel im Charakter dieses Fürsten. Eine vollständige Gleichgiltigkeit in religiösen Dingen war sein ursprüngliches Verhältnis zum Glauben der Väter. Und diese Gleichgiltigkeit schlug in offenen Hass um, als er sich mit Isebel, einer Tochter des sidonischen Königshauses, vermählte. Dem Einfluss dieser Fürstin gelang es, Ahab nicht nur ganz dem Kultus Baals und der Astarte zu gewinnen, sondern auch sein despotisches Bewusstsein derart zu steigern, dass er sich entschloss, mit allen Mitteln der Gewalt seinem eignen neuen Glauben auch im Reich Gehör zu schaffen. Die schlimmsten bisherigen Verfügungen hatten die Priester des Baal gleichberechtigt neben denen des Jahve auftreten lassen. Nun bestimmte Ahab, alle Jahvepriester sollten ihres Amtes enthoben, die Widerspenstigen niedergemacht werden.

Es half nichts, dass ein Teil des Volkes sich offen auf die Seite der Priester stellte. Die grosse Masse hatte nichts mehr vom alten Geist und wagte nicht den Befehlen des Despoten sich zu widersetzen. An einer Anzahl Priester wurde das Blutgericht vollzogen, und so blieb dem Rest nichts übrig, als in schleuniger Flucht sein Heil zu suchen.

Unter den Verfolgten befand sich ein Priester
aus Thisbe namens Elias. Mit Hinterlassung seines
Eigentums zog er sich in der notdürftigsten Kleidung
zurück in die Wüste am Ostjordanufer. Als stiller
Einsiedler wollte er fern von dem Volk, das ihm
so fremd geworden war, seine Tage beschliessen.

Doch bei diesem Plan hatte er seine seelische
Kraft unterschätzt. Noch war sein Geist zu jugendlich,
um in scheuer Einsamkeit aufzugehen in einem Leben
der Betrachtung. Sich ruhig seinem Schicksal zu
unterwerfen, das gelang ihm nicht; und je länger er
sich selbst überlassen blieb, um so mehr trat an die
Stelle thatenloser Wehmut eine zornige Entrüstung,
die nach einer gewaltsamen Auseinandersetzung mit
diesem Schicksal brannte.

Wieder einmal zeigt die Wüste ihre belebende,
reinigende Kraft. Wie Moses findet Elias in ihr
den Zusammenhang wieder mit der grossen Geschichte
seines Volkes. Wie Moses tönen ihm aus der leb-
losen Ruhe tausend Stimmen entgegen, die ihn
mahnen an diese Vergangenheit anzuknüpfen. Wie
Moses gaukelt die Wüste ihm ein Luftbild vor von
sonnenduftigen Farben, auf das er voller Hoffnung
zueilt, und das er doch nie erreichen sollte.

Ja, das tragische Schicksal des Moses scheint
neben dem des Elias fast wie ein einziger grosser

Sieg. Mochte der Prophet vom Sinai sein letztes
Ziel nicht erreicht haben: Das eine war ihm doch
gelungen, dass er ein schlummerndes Volk geweckt
und noch im rechten Augenblick der Gefahr entrissen hatte. Selbst das blieb Elias versagt. Nicht
einmal wecken konnte er das Volk. Wohl kommt
er herbeigestürzt und ruft dem Schläfer das Wort
der Gefahr ins Ohr. Aber alles was er erreicht
ist ein blosser schreckhafter Traum. Der Schläfer
fährt jäh auf, sieht mit blöden Augen um sich —
und legt sich wieder hin, um seinen gefährlichen
Schlaf weiterzuschnarchen. —

Dreimal stiessen die Verfolgungen des irre-
geleiteten Volkes Elias zurück in die Wüste. Mit
immer grösseren Hoffnungen, verwegenerer Thaten-
lust kehrt er zurück. Gegen die Baalspriester tritt
er zunächst auf. Er weiss das Volk zu begeistern,
und es gelingt ihm eine Anzahl der Götzendiener
niederzumachen. Als er dann wieder fliehen muss.
wird ihm klar, dass die Vernichtung dieser Priester
doch nur die Beseitigung einer äusseren Erscheinung
sei. Da wagt er einen grösseren Angriff und leitet
eine Verschwörung gegen die Könige von Syrien
ein. Mitten in den Vorbereitungen stirbt er.

Der Sand der Wüste hat seine letzten Spuren
verweht wie die des Moses. Aber wie der Geist

Moses im Volk lebendig blieb, so auch der des
Elias. Wohl sehen wir drei Menschenalter später
Samaria hinstürzen. Doch als man bei diesem fürchter-
lichen Zusammenbruch endlich wachgerüttelt wird,
entsinnt man sich jenes schreckhaften Traumes:
Elias wurde wieder lebendig — die Propheten
traten auf.

Propheten, Männer der Znkunft hat man diese
Heroen des Geistes genannt. Und doch sind sie
alle nur Männer der Vergangenheit. An den letzten
noch glimmenden Funken des Geistes Moses und
Elias loderten ihre Feuerseelen auf. Ihre mächtigen,
brausenden Stimmen waren ein Nachhall der alten
Donnerworte. Es war der wiedererstehende Elias,
der Judäa vorhielt, wie es dem Baal diente, wie es
auf den Getreidetennen Jahve vergass und nur noch
den Götzen opferte. Es war Moses, der ihnen zu-
rief: „Locken will ich euch, und in die Wüste führen
und begeistern". Oder gar jenes Wort, in dem das
Rot einer untergehenden Sonne sich mischte mit
dem Glanz eines neuen Sonnenaufgangs:

„In der Wüste bahnt den Weg Jehovas,
        in der Steppe ebnet ihm die Strasse!
Das Thal soll hoch, und Berg und Hügel niedrig werden,
Und Eben soll das Höckerige sein, und Thal das Hügelland,
Dass sich Jehovas Grösse zeigen kann,
        und alles Fleisch sie scheue." —

Klanglos scheinbar tönen die Stimmen der letzten Propheten aus. Und doch liegt gerade in dieser Stille die erste grosse Erkenntnis, die Judaea aus seiner eignen Verlegenheit zog:

Gewaltsam hatten Moses und Elias ihr Volk befreien wollen. Beide Versuche waren schliesslich gescheitert. Zweimal hatten fremde Völker es vermocht das siegreiche Israel zu Boden zu werfen. Von der Art, wie sie dabei vorgegangen waren, lernt man nun Gebrauch machen. Es war ein langsam stetiges Umherwühlen, das den Hirten in Aegypten, den Hebräern in Kanaan die alte Freiheit geraubt hatte; wie wan es verloren hatte, sucht man es nun wiederzugewinnen. Nicht mit Gewalt, sondern mit List. Die scheinbar harmlose Einführung des fremden Kultus war Schuld gewesen an ihrem Untergang: die scheinbar ebenso harmlose Wiedereinführung der eigenen alten Kultusgebräuche sollte die Vorbedingung einer neuen Grösse Israels werden.

Darin liegt die Bedeutung der Propheten. Und dass sie nicht umsonst gelebt hatten, sollte sich bald zeigen an einem unscheinbaren Merkmal: der Rückdeutung der Feste. In den „ungesäuerten Broten" des Osterfestes sah man nicht mehr die notdürftig zubereiteten Fladen der eben geschnittenen Neuernte, sondern das in der Eile des ägyptischen Auszugs nicht gesäuerte Brot; die schnellgebauten Laubhütten, die luftigen Wohnungen der Herbstlese, wurden ein Symbol der flüchten Wüstenzelte Altisraels.

Zur Wiedererlangung der politischen Macht freilich war es zu spät. Jerusalem fiel; und mit ihm der Tempel; das Volk schleppte man in die Gefangenschaft. Aber gerade das Elend dieser Niederlage läuterte seinen Geist. Reiner als je stand der alte Kultus wieder auf: das Fest der Versöhnung, das die Leidensgenossen dieses unglückseligsten der Völker vereint, und, grösser als dieses, das Passah, das alte Hirtenfest. — —

Jahrhundert um Jahrhundert ist ins Grab gesunken. Volk um Volk stand auf und liess immer grausamer das Sklavenpack am Nil die Peitsche fühlen. Aber das Passah hat es nicht vergessen. Und was hat man nicht alles gethan, um gerade dieses Fest zu verleiden! An das Passah knüpften sich die Verdächtigungen aller Völker und Zeiten, auf das Passah wies man hin, galt es, die Rohheit und den Aberglauben aufzuhetzen, auf das Passah weist noch heute die brutale Gemeinheit, die Weisheit der Faust und des Dreschflegels. Umsonst. Heute wie vor Jahrtausenden versammeln die Familien sich am Vorabend des vierzehnten Tages im Monat Nisan. Und je entsetzlicher die Verfolgungen draussen

sind, um so inniger und herzlicher schliessen sie sich
ab in ihrer Häuslichkeit und lauschen den Erzäh-
lungen der Agade, und feiern das grosse Fest ihres
Volkes: das heilige Passah. In ihm allein, das sagt
ihnen ihr sicherster Instinkt, liegt ihr Sieg. Nur
dieses Hirtenfest, dieses alljährlich wiederkehrende
memento lässt sie ihre Aufgabe nicht vergessen über
den Anblick der bunten Wandeldekoration vorüber-
gleitender Völker und Zeiten, jene grosse Aufgabe
der Wüste, den Traum ihrer Kindheit, den Moses
und die Propheten so lebendig in ihnen wieder erstehen liessen.

*　　*
*

Die unglaublichsten Dinge wurden von ihm erzählt. Eine menschliche Wohnung scheine er nicht
mehr zu kennen: wie ein Tier suche er Schutz vor
dem Wetter in Schluchten und Höhlen. Ein rohes
Gewebe von Kameelsharen, mit einem Ledergürtel
notdürftig um die Hüfte festgehalten, sei alles was
er am Leib habe. Und die Nahrung: der Honig
wilder Bienen, Heuschrecken, das Wasser der Quellen,
die spärlich genug in der Steinwüste zu finden seien.
Das Wunderbarste aber sei sein Einfluss aufs Volk.
Dieser Mensch, der doch jedem Vernünftigen nur
ein mitleidiges Lächeln abringen könnte, besitze eine

Gabe der Mitteilung, eine Kraft der Rede, die alles
mit sich fortreisse. Niemals spreche er zur Menge,
ohne dass am Schluss der Rede eine ganze Anzahl
zu ihm herandränge, um die Taufe anzunehmen, eine
eigentümliche symbolische Handlung, bei der er dem
Täufling eine Hand voll Wasser über das Haupt
träufle, um ihn damit reinzuwaschen von seinen
alten Sünden, wie er es nannte.

Wahrhaftig, der Täufer Johannes, das war eine
Erscheinung, bei der die Neugierde des gealterten
Jerusalem schon wach werden konnte. Was sonst
keine Gewalt der Erde vermocht hätte, dieser sonder-
bare Heilige brachte es fertig: in der öden Steinwüste am Abhang des Ephraimgebirges wurde es
plötzlich lebendig. In bunten Haufen zogen sie
hinaus, der stolze Sadducäer und der gedrückte
Zöllner, der schlichte Soldat und der gelehrte Pharisäer. Von ferne schon war der schwarze Menschen-
haufen zu sehen, den die rätselhafte Stimme der
Wüste bereits hinausgelockt hatte. Dorthin wandten
sie sich alle, die vereinzelten Nachzügler, wie von
einer magnetischen Kraft angezogen. —

In Judaea regte sich etwas wie ein böses Gewissen. Das war es, was den Worten eines Johannes
diesen Nachdruck verlieh. Im besten Teil des Volkes
hatten die Lehren Moses' und der Propheten all-

mählich Wurzel gefasst. Eine Zukunft der Freiheit,
dieser Wunsch, den der grosse Schicksalsmensch
einst allein empfunden hatte, und der erst zur Zeit
der Propheten allgemeiner verstanden wurde, begann jetzt in ganz Judaea sich auszudehnen und in
die geheimsten Schlupfwinkel der Volksseele sich
festzusaugen. Es war eine Wallung, von der der
Verstand sich vielleicht keine Rechenschaft geben
konnte, die aber um so lebendiger im Gefühl des
Volkes thätig sein und um so sicherer gegen jedes
Hindernis sich auflehnen musste, das ihrer Entfaltung
sich entgegenstellte.

Und ein solches Hindernis tauchte immer deutlicher auf in der äusserlich politischen Umgestaltung
des Reiches. Als Israel nach der Unterwerfung
der Einwohner Kanaans sich mehr und mehr vom
alten Gott der Wüste und der Freiheit entfernte,
als es mit den Göttern des unterworfenen Volkes
auch dessen staatliche Ordnung anzunehmen begann, da gliederten die Volksschichten sich immer
schärfer nach dem alten Herren- und Sklavensystem.
Die Propheten lehnten sich auf gegen diese Sonde-
rung zwischen Mensch und Mensch, die dem echten
Glauben der Vorväter so durchaus fremd waren. Man
überhörte sie erst, bis die Zeit gemeinsamen Leidens
in der Verbannung ihren Geboten die Ohren öffnete.

Aber diese Wendung zum Bessern ging vorüber.
Kaum hatte Israel in der alten Heimat sich wieder
eingelebt, als es auch die alten Irrwege wieder be-
trat. Die Unterschiede der Stände traten schroffer
hervor als je. Nie hatte sich der Hochmut der
Mächtigen so erhoben wie jetzt. Nicht genug, dass
sie mit grenzenloser Verachtung auf die Brüder des
eigenen Volkes herabschauten, hielten sie sich, als
die Nachkommen Abrahams, auch für die Auserwählten aller Völker.

Doch nun war endlich auch die Zeit gekommen,
wo man durch lange schlimme Erfahrungen auf-
gerüttelt über die Wahrheiten der Lehren Moses'
und der Propheten nachzudenken begann. Moses
hatte sie gewarnt, ohne im mindesten verstanden
zu werden; die Propheten hatte man gehört, aber
als unangenehme Warner bei Seite gedrängt: als
Johannes auftrat, hatte man endlich einsehen gelernt,
dass der scheinbare Fortschritt der staatlichen Ordnung für Israel ein Fortschritt auf der schiefen
Ebene sei. Das war der Zauber, der den Worten
dieses Einsiedlers alle Herzen öffnete. Er war klein
gegen die Propheten, er verschwand gegen Moses
und Elias, aber ihn trug der Strom der Zeit, und
das liess ihn weiter kommen als alle seine grossen
Vorgänger. Die Stimmung war da, die seinen

mystischen Prophezeihungen vom nahen Gericht eine
erschütternde Macht verlieh. Kein Mensch wagte
ihm zu widersprechen, wenn er die angesehenen
Pharisäer und Sadducäer ein falsches Otterngezücht
schalt, das seiner Strafe nicht entgehen werde, wenn
er den dummdreisten Ahnenstolz des ganzen Volkes
verhöhnte mit den Worten: „Gott vermag dem
Abraham aus diesen Steinen Kinder zu erwecken!"

Und doch war dieser Wüstenprediger nichts als
ein Vorläufer. Er selbst sprach es offen aus den
Pharisäern gegenüber. Kein Christus, kein Elias,
kein Prophet. Seine ganze Aufgabe war die, von
der Jesaias einst gesprochen hatte: die Wege sollte
er ebnen, in der Wüste die Pfade suchen, auf
denen er selbst nicht gehen konnte. Bei ihm blieb
alles blosse Empfindung, blosser Protest. Er sah,
dass die Berge zu schleifen und die Thäler auszufüllen seien, dass der Hochmut der Besitzenden
niedergezogen und die gedrückte Lage der Elenden
gehoben werden müsse, sollte Israel nicht zu Grunde
gehen. Aber wie das alles geschehen solle, davon
wusste seine leidenschaftliche Seele nichts. Ein
Grösserer musste kommen, der nicht wie er nur
mit der Taufe des Wassers die alten Sünden weg-
schwemmte, sondern mit dem Feuer seiner Seele
neue Gedanken in ihren Geist einbrannte.

Dieser Grössere war Jesus von Nazareth.

Johannes kannte ihn. Er war mitgekommen in einem der Züge, die sich von der Stadt her zu ihm herüberwälzten. Mit heiliger Begeisterung hatte er den Reden des Wüstenpredigers gelauscht und die Taufe angenommen.

Dann aber war er weitergezogen, tiefer in die Wüste hinein, wohin keine Spur der neugierigen Zuhörer aus der Stadt sich verlor. Durch die Lehren des Täufers war es ihm hindurchgeklungen wie ein verwandter Ton. Aber das Mitschwingen seiner Seele hatte ihn nicht befriedigt. Diese Klänge füllten sein Inneres nicht aus. Wie eine ungeheure Leere empfand er es in seinem Geist, und eine ungeduldige, brennende Sehnsucht trieb ihn, diese Leere auszufüllen. Das war es, was ihn in die Tiefe der Einsamkeit führte und ihn dort suchen liess.

Die Wüsteneinsamkeit Jesus', das war das Gebot einer Aufgabe, so schwer und tief, dass an ihr gemessen selbst Moses und seine Sendung klein erscheinen. Wohl war das Ziel bei beiden das gleiche: die Freiheit ihres Volks. Aber wieviel ungeheurer waren die Lasten, die Jesus fortwälzen musste! Die Gleich-, die Ebenmachung der Götter war Alles, was Moses dem Horizont der Wüste abzulesen hatte: die Abflachung der Stände und Kasten, der Kampf mit

Mächten, die nicht unsichtbar zwischen Himmel und
Erde schweben, sondern die das Schwert in der Hand
hatten und eifersüchtig ihre Rechte verteidigten, das
war die Aufgabe Jesus'. Dort eine Abrechnung mit
wenigen, geistig noch unklaren Völkern: hier eine
Kriegserklärung der ganzen Welt, Völkern, die er-
wachsen waren, deren Feindschaft den furchtbaren
Rückhalt einer ausgebildeten Kultur besass. Denn
das eine musste Jesus klar werden, dass nur die
Authebung der Unterschiede Mensch und Mensch
bei allen Völkern die Freiheit Israels möglich
machte. —

Die Empfindung und nicht die Erkenntnis treibt
das Rad der Weltgeschichte. Nur zum kleinsten
Teil war Jesus sich der wirklichen Bedeutung seiner
Umwälzung bewusst. Vielleicht dass er auf Augen-
blicke, in den einsamsten Stunden seiner Einsamkeit,
das Ziel sah: dasselbe Ziel, dem wir jetzt so nahe
stehen, wie Israel den Gedanken Moses' zur Zeit
der Propheten. Aber was er sah, konnte er das
anders sehen als durch das trübende Medium seiner
Zeit? Und wie erst mussten seine Ideale verkleidet,
verzeitlicht, vergröbert werden, sollten sie That
werden können, sollte das Volk an ihnen sich begeistern! Es war eine Uebersetzung in eine fremde
Sprache, als er dem Gedanken eines Ständeaus-

gleiches Bahn brach mit der Lehre eines rächenden
Weltgerichtes und eines besseren Jenseits. An eine
gewaltsame Auseinandersetzung zwischen Herren
und Sklaven war noch nicht zu denken. So musste
denn jenes Evangelium der Liebe und — der
Rache den ersten Fürsprecher der neuen Ideale
bilden. — --

Bei den gesellschaftlich Verkommenen setzte
Jesus mit seiner Lehre ein. Man hat darin einen
Einwand gegen diese Lehre selbst erkennen wollen.
Aber welche grosse Bewegung hätte je bei den
„guten" Elementen der Gesellschaft ihre Verfechter
gefunden! Die „schlechten" Elemente, die gesellschaftlich Aufgegebenen und Verunglückten waren
von jeher die ersten Träger neuer Kulturgedanken.
Nur bei solchen verzweifelten Existenzen, die Alles
zu gewinnen haben, findet die Geschichte den Mut,
die Rücksichtslosigkeit, ohne die das Neue, noch
Unsichere, Unerprobte, nie durchzuführen wäre. Hat
erst das Neue seine Aufgabe gelöst, hat man es
als brauchbar und — gut anerkannt, dann kann
man es unbesorgt der Pflege jener ruhigeren Geister
anvertrauen. Gern wird dann die zweifelhafte Entstehung vergessen, Alter und Herkommen leihen
ihren nebligen Glorienschein, und alles gesellschaftlich Wohlgeratene schart sich in klarer Begeisterung

um das neue „heilige Gut der Menschheit". Allzeit
gefällige Köpfe wissen diese Begeisterung zu rechtfertigen, geraten in papierne Entrüstung über die
Gemeinheiten, die ihr Allerheiligstes in seiner Jugend
habe erfahren müssen, und bedauern von ganzem
Herzen, nicht damals gelebt zu haben. Statt dessen
begnügen sie sich damit, denen entgegenzuarbeiten,
die Leben und Ehre einer neu erstehenden Sache
opfern. Es ist das alte Lied: Ehrfurcht Allem, was
schon mit einem Fuss im Grabe steht; Verläumdung
Allem, was noch keine Vergangenheit, sondern —
nur eine Zukunft hat.

Solch ein Stand gesellschaftlich wohl anerkannter
Bürger waren die Pharisäer Jerusalems. Ihre Lebensaufgabe war die Pflege des alten Gesetzes. Einst,
zur Zeit der alten Propheten, hätte dasselbe Gesetz
wohl kaum jene Männer mit tadellosem Rock und
Ruf gereizt. Das Publikum des Moses' war ein
Volk von Sklaven, das der Propheten eine Kaste
von Armen, die beide äusserlich gleichwenig Ver-
lockendes boten. Aber diese Zeiten waren ja längst
vorüber. Was einst Gefahren und Verfolgungen
einbrachte, verhalf jetzt zu klangvollen Titeln und
gesellschaftlich angenehmer Stellung. Grund genug,
dass Leute, die sich nie etwas vergeben hatten, sich
bereit erklärten zu Hütern des neuen Heiligtums

und in dessen entsagungsvollem Dienst ihr Bewusstsein treuer Pflichterfüllung ausbildeten.

Wie abstossend musste auf solche anständigen
Menschen eine Erscheinung wirken, wie die des
Schwärmers von Nazareth. Ein Mensch, der sich
nicht schämte, in der schlechten Gesellschaft von
Samaritern und Zöllnern zu verkehren, der den guten
Ton soweit vergass, dass er vor einer Hure, die
ihm auf offner Strasse entgegenkam, nicht aus-
spuckte, ja unverfroren genug war, ihnen, ihnen!
dieses Frauenzimmer als Beispiel vorzuhalten. Kein
Wunder, dass eine so niedrige Seele nichts von
Ehrfurcht vor den Standesunterschieden empfand,
dass er so pietätlos werden konnte, den Glauben
seiner Mitmenschen nicht zu achten und Kritik zu
üben an dem, was ihnen heilig war.

Die erste und zugleich erfolgsicherste Kampfesweise gegen einen derartigen Umstürzler war
die, dass man ihn nicht ernst nahm, ihn solange
wie möglich überhörte. Und dieses Mittel schien
hier auch wirklich vorzüglich anwendbar. Jesus
lehrte in Galilaea. Galilaea, die Provinz im Norden,
war politisch ohne jede Bedeutung, die Söhne des
Landes standen zudem in geistig wenig hervor-
ragendem Ruf. Drang wirklich etwas von den
neuen Lehren in das eigentliche Judaea, und wandte

das Volk sich um Auskunft an sie, die erste zuständige Behörde, so genügte der lächelnde Hinweis: „Was kann aus Galilaea Gutes kommen!"

Aber Jesus erkannte sehr bald das Wesen der Gefechtsart, die ihn zwar aller Gefahr enthob, aber auch seiner Lehre jeden Einfluss abschnitt. Die Gefahr missachtete er so sehr, wie nur irgend einer seiner Vorgänger. So entschloss er sich denn, Jerusalem selbst aufzusuchen, um einen unmittelbaren Angriff auf die Stadt zu wagen, in der die Standesunterschiede am grellsten hervortraten.

Noch immer suchten die Pharisäer den unangenehmen Gegner zu übersehen. Als sie jedoch bemerkten, dass seine Auseinandersetzungen auf das Volk nicht ohne Eindruck blieben, gingen sie endlich aus ihrer gleichgiltigen Stellung heraus. Zunächst dachten sie ihn lächerlich zu machen. Sie waren in allen Spitzfindigkeiten der Casuistik wohl bewandert, Jesus dagegen war Nichtfachmann: es konnte nicht schwer fallen, ihn in Widersprüche zu verwickeln und ihn dann als den Unterlegenen hinzustellen.

Doch dabei hatten sie nicht mit der Schlagfertigkeit des Volksmannes aus Nazareth gerechnet. Wohl stellten sie ihm mehr als eine Frage, bei der jede gerade Antwort eine Schlinge war. Aber niemals ging Jesus darauf ein. Er zerhieb die Knoten, die nicht zu lösen waren, und so war das Ende jedes dieser verfänglichen Gespräche eine Niederlage der Pharisäer.

Aus demselben Grund, einem geschickten Ausweichen der eigentlichen Frage, oder ihre Beantwortung durch eine Gegenfrage, scheiterte auch der zweite Anschlag der Pharisäer: ihr Plan, Jesus irgend ein voreiliges Wort gegen die römische Behörde zu entlocken, für dessen schnelle Weiterbeförderung an die betreffende Behörde sie dann schon sorgen wollten.

Auf keinem geraden Weg war diesem Volksaufrührer beizukommen. Und doch musste der Elende auf irgend eine Weise in ihre Gewalt geraten. Mit zunehmender Besorgnis sahen sie, wie er mehr und mehr Anhang gewann. Was sollte aus der Gesellschaft werden, wenn erst solche Ideen allgemein verbreitet wären! Nein, auf keinen Fall durfte der Nazarener ihnen das Volk abspenstig machen. Und mit dem Scharfblick der Eifersucht achteten sie auf jedes Wort, jede Miene, die ihn beim Volk verdächtig machen konnte.

Jesus durchschaute die Lage des Kampfes, die für ihn so wenig Hoffnung bot. So unermüdlich er sein Werk fortsetzte, so kühn er jedem Angriff der

Pharisäer, dieses hochmütigsten aller Stände, ent-
gegentrat — es überschlich ihn doch die Ahnung,
dass er bei diesem Wettlauf unterliegen werde.
Moses, Elias, die Propheten, Johannes — alle hatten
Judaea befreien wollen, und alle waren missverstanden
worden. Trotzdem, darin zeigt sich die ganze Grösse
seiner Seele, empfand er bei solchen Ahnungen am
bittersten nicht den Gedanken an den eigenen Tod,
sondern an den Untergang Judaeas.

Eine solche wehmütig schmerzliche Stimmung
war es, die ihm einst beim Anblick der Hauptstadt
Israels die Worte auspresste: „Jerusalem! Jerusalem!
Du tötest deine Propheten und steinigst deine Auserwählten! Wie oft habe ich deine Kinder sammeln
wollen! Schützen wollte ich sie, wie eine Henne ihre
Jungen mit den Flügeln deckt — und du hast nicht
gewollt." —

Bei Gelegenheit einer Wallfahrt, die Jesus in
der Wüste an die Stätten unternahm, wo Johannes
einst aufgetreten war, wurde den Pharisäern der
ganze Ernst der neuen Bewegung klar. Schon die
Wallfahrt selbst hatte sie bedenklich gemacht.
Glich sie nicht einem grossen Triumphzug? Und nun
erst die Rückkehr nach Jerusalem! Man rüstete
sich gerade zur Feier des Passah. Wie alle Teile
des Landes hatte auch Galilaea Gäste nach Jeru-

salem gesandt. Als diese von der Rückkehr ihres
grossen Landsmannes hörten, eilten sie an das Thor,
durch das Jesus hindurchkommen musste. Dort be-
deckten sie den Boden mit Tüchern und bunten Ge-
wändern, und als nun gar Jesus selbst näher kam,
rissen sie Zweige von den Bäumen, schwenkten sie
ihm entgegen, und indem sie näher drangen, riefen
sie unaufhörlich: „Hosiannah dem Sohn Davids!"

Die Pharisäer waren empört. Doch da sie
dem begeisterten Volk selbst nicht entgegenzutreten
wagten, suchten sie Jesus „Vernunft" einzureden. Er
solle ihnen doch Ruhe gebieten. „Die Steine werden
schreien, wenn die da schweigen" war die unehr-
erbietige Antwort des Volksknechts.

Aber das war noch nicht Alles. Die Begeisterung schien Jesus zu Kopf gestiegen zu sein. An
der Spitze der Galilaeer wagte er sich mitten in
den Tempel und warf dort die Geldtische der Wechsler
um, unter dem Vorwand: er wolle das Haus Gottes,
aus dem man eine Diebesherberge gemacht habe,
wieder reinigen. Und das Schrecklichste: bei alledem kein Volksaufstand der Einwohner, der dem
frechen Treiben dieser Provinzler ein Ende gemacht
hätte. Im Gegenteil; man hörte den Reden Jesus',
der auf seiner Wüstenfahrt neue Hoffnung geschöpft
haben musste, geduldig zu.

Da galt es, keine Zeit zu verlieren. Enthielten die Reden Jesu keine unmittelbaren Anklagen, mit denen man ihn dem römischen Gerichtshof ausliefern konnte, so musste irgend eines seiner Gelegenheitsworte gewendet und gedreht werden, bis irgend ein gefährlicher Sinn, eine gefährliche Absicht daraus hervorsprang. — —

Jesus hatte nur zu richtig sein Schicksal vorausgeahnt. Die Pharisäer waren ihm zuvorgekommen. Dass sie jederzeit einen beliebigen seiner Aussprüche als staatsgefährlich umdeuten und ihn so der Behörde überliefern könnten, das war ihm ja niemals zweifelhaft gewesen. Im Gegenteil, er war erstaunt über die geringe Anschuldigung, die man allein aus seinen Reden herausgehört hatte. Im übertragenen Sinn hatte er sich einmal den „König der Juden" genannt. Man legte dieser Bezeichnung einen politischen Gedanken unter und forderte ihn dafür zur Rechenschaft. Eine Verdächtigung, so ungeheuerlich und gesucht, dass der römische Stadthalter lange die Bestätigung des Todesurteils verweigerte. Aber er gab schliesslich nach, denn er kannte die Anschwärzungen der Pharisäer am kaiserlichen Hof. Jesus wurde verurteilt. — Alles das hatte ihn nicht überraschen können. Dass er aber das Volk in Jerusalem so wenig überzeugt hatte, dass

sie den Pharisäern einmütig folgten und ihr „Kreuzigt,
kreuzigt ihn!" riefen, das hatte er nicht erwartet —
das vergällte ihm die letzte Stunde seines Lebens.

* *
*

„Sein Blut komme über uns und unsere Kinder",
rief man Pilatus zu, als er sich öffentlich gegen die
Verurteilung erklärte, die er nur unter dem Zwang
der Verhältnisse bestätigt hatte. In diesem Aus-
spruch klang nicht die Stimme Jerusalems, und
nicht die Judaeas: der Orient selbst sprach damit
das Verdammungsurteil über sich aus. Indem das
eigentliche Sklavenvolk des Orients sich taub zeigte
gegenüber der lautesten Stimme der Freiheit aus
der Wüste, bekannte der gesamte Orient seine Un-
fähigkeit zur Lösung der Aufgabe, die gerade jetzt
die Kultur verlangte. Die Sprache Jesu, die Lehre
von der Gleichberechtigung aller Menschen, das
ging über das Fassungsvermögen dieser gealterten,
überlebten Völker des Ostens: so wurde die Kreu-
zigung Jesu das Ende der morgenländischen, der
Anfang der abendländischen Kultur.

* *
*

Die Gewitter des Sommers müssen über das
Land hingerast sein, soll der Herbst uns neue Früchte

schenken. Es liegt zuviel Schutt auf den Feldern, es giebt zuviel alte Bäume, die mit ihrem Schatten alles aufkeimende Laub niederhalten. Das muss der Sturmwind erst weggefegt, der Blitz erst zerschmettert haben, ehe der Himmel mit seinen Donnerworten neues Leben aus dem Grab herauf-beschwören kann.

Das Bild der Natur ist ein Spiegel unserer eigenen Geschichte. Der Boden treibt keine neuen Früchte, die Menschheit keine neue Kultur, ohne dass eins jener Gewitter niedergesaust ist. Alt-babylon, Aegypten, Persien, Hellas — dasselbe Schauspiel überall. Am Horizont wird es schwarz von einer Menschenwolke. Klein und harmlos schein-bar lugt es herauf. Dann aber schwillt und schwillt es an, grösser, schwärzer, stürmischer. Und endlich entladet es sich in einem kolossalen, brüllenden, schäumenden und krachenden Gewitter. Volk kämpft da gegen Volk, erbarmungslos, auf Tod und Leben. Und ist endlich das letzte Donnergrollen und Windes-stöhnen verhallt, dann verdecken den Boden weit und breit die Trümmer einer zerschlagenen Kultur, die Gliederfetzen eines sterbenden Volkes.

Vernichtung, nichts als Vernichtung scheint das Gewitter dem Land gebracht zu haben. Und doch war das Volk, das da hinweggefegt wurde, nur das

welke Laub des Vorjahres, das dem Boden keine Säfte
mehr zu entziehen wusste; die Kultur aber, die so
stolz in den Himmel hineinragte, hielt gewaltsam
tausend neue Keime wieder in ihrem Schatten —
und deshalb musste sie zerschmettert werden.

Nie mag sich den Blicken der Menschheit dieses
schauerlich erhabene Naturspiel grossartiger entrollt
haben wie damals, als das Völkerwetter am östlichen
Horizont Europas losbrach. Ein Wetter, das einen
ganzen Weltteil fruchtbar machte. Staunend fragt
man sich bei seinem Anblick, welche Kraft solche
Massen in Bewegung bringen konnte, aus welchen
Elementen die Millionen der Einwanderer sich zu-
sammensetzten. Man antwortet gleichgiltig, es seien
unruhige Geister gewesen, lüstern nach kriegerischer
Beute, vom kultivierten Orient verdorbene oder
zurückgewiesene Elemente, die man gerne habe
ziehen sehen.

Sie selbst, die Ausgestossenen, dachten vielleicht
nicht anders, und nur gezwungen verliessen sie ihre
üppige, sonnige Heimat. Aber was hatte sie zu
diesen rohen Abenteuerern gemacht? Wie war es
möglich, dass ganze Völker in diesen Völker sich
bilden und sich sondern konnten? Völkern, denen
die Heimat entfremdet wurde, und die ihr Heil
nun in unbekannten Fernen suchten?

Es ist die alte Laune der Geschichte: wieder
wählt sie ihr schlechtestes Material — um ihr Bestes
zu formen. Wie sie die rohen Hirtenvölker aus-
suchte, um die ägyptische Kultur auf ihren höchsten
Gipfel zu bringen, wie sie durch ein Sklavenvolk die
Menschheit an ihr grosses Ziel erinnerte, und ihr
durch die Sklaven dieses Sklavenvolkes den rechten
Weg zu diesem Ziele wies, so war sie auch jetzt,
bei der Urbarmachung Europas, wenig „wählerisch"
in der Wahl ihrer Mittel: es waren asiatische Kolonisten, denen sie die Aufgabe übertrug.

Die Scharen der Kolonisten setzen sich in der
Regel nicht aus Leuten zusammen, denen zu Hause
der grosse Wurf gelang. Auch pflegt man in der
Heimat nicht gerade mit dem Blick der Achtung
auf die Teilnehmer solcher Auswanderzüge zu sehen.
Nun gar jene Abenteurer, die als die ersten An-
siedler Europas auszogen — mit welcher Geringschätzung musste der kultivierte Orient gerade von
ihnen denken! Sie zogen nach Europa: konnte man
den Namen dieses Barbarenlandes anders erwähnen,
als mit jenem leisen Schauder, den der kaiserliche
Römer vor den Wäldern Germaniens empfand?

Dennoch: wie unendlich viel ehrwürdiger als
die Zurückgebliebenen mit der sichern Gegenwart
sind die Zurückgewiesenen mit ihrer unsicheren

Zukunft. Was aus ihnen jene Abenteurer machte,
denen das unheimlich finstere Europa gerade gut
war, was sie zu dem ungestümen Widerwillen gegen
die Sitten und Anschauungen ihrer Heimat ent-
flammte und sie in unwiderstehlichem Trieb scharen-
weise nach dem Westen führte, das sind die tiefen
Kräfte der Natur, die das begrabene Samenkorn
keimen lassen und einen Baum aus ihm machen, den
sie hoch und höher treiben — während jener ältere
Baum, der das unscheinbare Samenkorn von sich
warf, alt und vermorscht zusammenbricht. —

Am schlechtesten unterrichtet über den Verlauf,
die Einzelziele und Bewegungen eines Kampfes ist
der Soldat, der selbst in der Schlachtreihe steht.
In den Kleinigkeiten und Zufällen, die ihm entgegentreten, da stellt er seinen Mann; das grosse
Ganze aber bleibt ihm fremd. So auch waren die
Abenteurer, die von der Menschheit über die Steppen
des Südens geschickt wurden, unklar über ihre
eigentliche Aufgabe. Mit der fanatischen Begeisterung des Soldaten, der Blut fliessen sieht, drangen
sie vor und vernichteten, was sie aufhalten wollte.
Wozu jedoch — das wussten sie nicht. Spät erst,
sehr spät kam ihnen ein erstes dunkles Dämmern
über ihre eigentliche Aufgabe. Es war, als sie die
ersten Vorarbeiten vollendet und die neue Heimat

kennen und lieben gelernt hatten. Jetzt, als sie an
die eigentliche Bearbeitung ihres Bodens denken
konnten, und nun immer noch ungeheure Massen
von Osten nachdrängten und ihnen die Früchte ihrer
Mühen streitig machten, jetzt erwachte die Wider-
standskraft in ihnen: sie wurden schlüssig sich zu
wehren.

Europa begann sich als Ganzes, als Einheitliches
zu fühlen, Asien trat ihm zum erstenmal als etwas
Fremdes gegenüber. Das war der Anfang der
eigentlichen Geschichte des Abendlandes. Mehr und
mehr tritt der Umschwung der Anschauungen zu
Tag, der schliesslich das Verhältnis eines jeden Mutter-
landes zu seiner lebensfähigen Tochterkolonie um-
kehren muss: die zuerst so gering geachtete Tochter
steigt allmählich so hoch empor, dass sie es nun ist,
die auf die Mutter mit Geringschätzung herabsehen
kann.

Die ersten Verteidigungskriege Europas sind
zugleich die ersten Schritte auf diesem Weg zur Höhe.
Auch hier wieder jener dunkel unberechenbare Trieb.
Wie der Zweig, der eine Blüte treibt, handelten sie,
ohne den Zweck zu kennen, als sie ihre besten Kräfte
an einem Punkt zusammenzogen und von diesem
Punkt aus den Kampf mit dem Osten aufnahmen.
In Italien, das am gefährlichsten bedroht schien, er-

wacht der Widerstand. An einem schwer zugänglichen Ort am Tiberufer findet sich eine Horde jenes Gesindels zusammen, auf deren „Schlechtigkeit" die Weltgeschichte ruht, und verschanzt sich in einem Lager: so entsteht Rom, das Thor, durch welches das belagerte Europa den Ausfall gegen den orientalischen Angriff wagt; so der Römer, die doppelt gefilterte Essenz des damaligen Kulturmenschen. Im Römer lebte der Europäer, im Europäer der fortschreitende Mensch: gegen diese Elementarmacht gab es keinen Widerstand. Und hätte der ganze Orient zusammengehalten, es wäre erfolglos geblieben gegen diese junge Macht. Europa ist ein Zwerg gegen Asien. Aber es lebt eine Aufgabe in ihm, und eine Willenskraft zur Lösung dieser Aufgabe, die den Zwerg noch heute unbezwinglich macht, die ihn den Riesen, würde er gefährlich, mit einem Wurf hinstrecken liesse. —

Roms Geschichte ist die erste Geschichte Europas. Dass Romulus und Remus die ewige Stadt erbauten, dass eine Handvoll Banditen den Orient zu Boden warf, an diese veraltete Schulweisheit kann im Ernst niemand glauben, der die Angriffskriege Roms genau verfolgte. Welch tollkühne Verwegenheit scheinbar in diesen römischen Unternehmungen! Die Angegriffenen mochten die ersten

Thaten der kleinen Tiberstadt belächeln. — Sie sollten anders denken lernen. Die Kolonie wurde wirklich gefährlich. Man hieb ihr den Kopf ab. Aber aus der Wunde wuchsen statt des einen zwei neue Köpfe hervor. Immer mächtiger wälzte es sich vom Tiber her. Man staunte, wusste nicht, welche unterirdischen Quellen diesen Strom immer wieder speisten, was ihm die Gewalt verlieh, dem kein Damm gewachsen war — man begriff nicht, dass es Europa war, mit dem man kämpfte, dass die verzweifelte Wut des Misshandelten dem Römer das Schwert in die Hand drückte, dass es der Schlachtruf dieser Scharen war, geraubte Länder unter die alte Macht zurückzubringen. Die Gegner aber, nicht verwachsen mit den Ländern, für die sie kämpften, unfähig deshalb, aus ihnen neue Kraft zu ziehen, von keinem grossen Gedanken getrieben und geeint: diese Gegner kämpften von Anfang an für eine verlorene Sache. — So fielen sie hin, Volk um Volk. In Italien erst, dann in Afrika, in Spanien, im Osten, Nordosten: Europa wurde frei, keine bewaffnete Macht konnte mehr den jungen Erdteil zu bedrohen wagen.

Und doch sollte Europa jetzt erst den gefährlichsten Angriff vom Orient erfahren. Ein Angriff der alten Kampfesweise, in der von jeher die be-

siegten Völker Herren über ihre Sieger zu werden
suchten, sobald diese sich dem sorglosen Bewusstsein ihrer Macht hingeben; den Hirten in Aegypten,
den Israeliten in Kanaan hatte man so die Herrschaft aus der Hand gewunden. Wie damals ein
Volk das andere, wusste jetzt der Weltteil des Ostens
den des Westens empfänglich zu machen für das
betäubende, einschläfernde Gift, das ihm mit lang-
samer Sicherheit alles Mark aussaugen musste. Rom
verweichlichte, und mit Rom Europa. Die grossen
Strassen und Wege, die wie Adern den gewaltigen
Körper Europas durchliefen, einst das segenvolle
Mittel, frisches Blut, neue Kräfte der Tiberstadt zuzuführen, um sie tüchtig zu machen zu ihrem grossen
Werk, wurden nun der Fluch des Abendlandes.
Rom war es jetzt, das verweichlichte, entartete Rom,
das sie benutzte, um das vom Orient ihm eingeimpfte
Gift in alle Gegenden Europas zu träufeln und so
den Riesenleib zu durchseuchen. Eine rückflutende
Bewegung tritt ein: kein Weg führt mehr nach Rom,
sondern alle gehen von Rom aus. Es war das
teuflischste Werk, dessen der Orient fähig war.

In jener Zeit, als Asien Jesus gekreuzigt und
sich damit für unfähig zu weiterer Kulturarbeit erklärt hatte, trat auch der ganze Verfall des Abendlandes klar hervor. Eine gewaltsame Ablehnung

war die Stellung Roms zu dieser Weltanschauung, die ihm doch den ersten festen Rückhalt für das neue Europa geben wollte. Und als es dann endlich unter dem geheimnisvollen Druck Europas sich zur Annahme der neuen Lehre entschloss, zeigte diese bei der Berührung mit der verpesteten Welthauptstadt Veränderungen, die die schlimmsten Befürchtungen des Abendlandes, die kühnsten Hoffnungen des Orients zu rechtfertigen schienen.

In diesem Augenblick war es, wo Asien sich stark genug hielt, Europa mit Gewalt zu unterwerfen und das Schauspiel zu wiederholen, das vor ungezählten Jahrtausenden diesem Boden seine Völker gegeben hatte: die Hunnen kamen herüber.

*   *
*

Seine besten Streitkräfte suchte der Orient für seinen gewaltigen Angriff aus: er fand sie in der Wüste. Nirgends in den „kultivierten" Ländern lebte ein Menschenschlag, der frisch und ursprünglich genug schien für ein solches Unternehmen. Die Wüste allein hatte ihre Jugendkraft behalten. Da fand sich jenes wunderbare Geschlecht von Pferdemenschen, deren fremde Erscheinung allein das schlaftrunkene Europa so wehrlos bannen konnte, wie der Giftblick der Schlange den zitternden Vogel. Es

war, als ob die Götterdämmerung für das Abendland heraufziehe. Wo man die seltsamen Horden
sah, da sah man sie in dem Flackerlicht brennender
Dörfer und Städte. Sie selbst, diese unberechenbare Masse, die so schweigsam heranschlich, um dann
plötzlich mit ihrem gellenden Huihuiruf loszuschlagen,
wie ein tückisch aufloderndes Feuer, wo es bald hier,
bald dort hervorbrach wie züngelnde Flammen, und
wo die Pfeile aus den Reihen hervorsprühten wie
Funken — sie selbst schienen ein einziges unge-
heueres Flammenmeer, das brodelnd, sausend und
prasselnd sich weiterwälzte, langsam bald, bald mit
der Schnelligkeit des Sturmwindes. Keine Macht
schien diesen Scharen gewachsen, und ohne Widerstand fast durchzogen sie Europa: der Angriff Asiens
war gelungen.

Wie dieser Völkerzug möglich war, darauf giebt
eine alte Sage uns Antwort. Als die Goten, so
erzählt sie, längere Zeit bereits im römischen Gebiet
sich niedergelassen hatten, traten unter ihnen wahr-
sagende Weiber auf, Alirunen genannt. Ihre warnende
Stimme wurde dem König der Goten jedoch un-
angenehm. „Da verjagte er sie aus der Mitte des
Volkes weit weg in die Wildnis. Als die Alirunen
eine Zeit lang in der Wüste herumirrten, wurden sie
von den Waldleuten, die man Faune und Feigen-

blattmänner nennt, gesehen, und sie vermischten
sich zusammen. Das Geschlecht, welches von den
Waldleuten und Alirunen ausging, war klein, hässlich
und wild, es hauste anfangs in den mäotischen
Sümpfen. Bald aber rückten sie aus und kamen an
die Grenze der Gothen. . . . So wird die Entstehung
der Hunnen von Alters her erzählt" (Grimm, Deutsche
Sagen).

Es ist eine jener Sagen, deren Einfalt tiefer
sieht als alle Weisheit der Geschichte. Was den
Hunnen das Thor des Abendlandes öffnete, war die
Achtlosigkeit Europas, seine geringe Widerstands-
kraft gegen das römische Gift. Wohl waren auch
bessere Regungen im Volk lebendig, Stimmen, die
mahnend auf die Gefahr hinwiesen. Aber man
achtete sie nicht, man verfolgte sie — und deshalb
konnte der Orient seinen Einfall wagen.

Jetzt erst wurde dem Abendland klar, welche
Schuld es auf sich geladen hatte. Was die mahnenden
Alirunen dem Volk nicht verständlich machen konnten,
das zeigten ihre Nachkommen, die Hunnen, deutlicher.
Man sah es nun endlich, wie tief das Gift bereits
eingedrungen war, wie tief man schneiden müsse,
um den Riesenleib vor dem sichern Tod zu retten.

Aber man schreckte nicht zurück vor dieser
Erkenntnis. Die verwegene Entschlossenheit der

Jugend und ihr sicherer Trieb waren gleich unge-
schwächt in Europa, und ohne langes Besinnen
schritt man an die blutige Operation, die allein hier
helfen konnte: ein Heilverfahren, ähnlich dem, mit
dem Medea einst das Alter verjüngte: sie zerschnitt
den siechen Körper und warf die Stücke durcheinander; fügte sie dann die Stücke durch einen
Zauberspruch wieder zusammen, so entstieg ihrem
Hexenkessel statt eines Greises ein Jüngling. So
auch musste mit dem gealterten Europa, vor allem
mit seiner Hauptstadt Rom verfahren werden. Alle
diese alten Staaten mussten zersprengt, zertrümmert,
zerstückelt sein, Blut und immer wieder Blut musste
über das Land strömen, bis die letzten verrotteten
und lebensunfähigen Einrichtungen weggeschwemmt
oder ersäuft waren.

Das alte Europa lag in Scherben umher; aus den
Scherben das alte Gefäss wieder zusammenzusetzen,
dafür war es zu spät: man musste sie noch kleiner
schlagen, sie zerstampfen, um ihre unscheinbaren
Splitter umzuschmelzen zu einem neuen Gefäss. Erst
wenn man so sich selbst den neuen Erdteil zum
zweitenmal erobert hatte, konnte man hoffen, die
Feinde des Ostens zu vertreiben. —

Der eigentliche Kampf zwischen Asien und
Europa begann. Mit Steppenvölkern hatte Asien

gefragt — mit Steppenvölkern gab Europa seine Antwort. Hier wie dort waren es die wüstesten Gebiete, die das beste Aufgebot zum Kampfe stellten. Zwar, eine Steppe von der Unermesslichkeit der Mongolei, aus deren Tiefen die Hunnen aufgetaucht waren, die besass Europa nicht. Aber an Flachländern von ungeheuerer Ausdehnung fehlte es auch ihm nicht. Das waren die breiten Sandniederungen und Haideländer des Nordens, Länder, teils mühsam dem Wasser abgerungen, teils langsam von ihm angeschwemmt, die unfruchtbarsten Gebiete des unergiebigsten Himmelsstriches: die Wüsten Europas — der Jungbrunnen Europas.

Wie der Orient in seinen Steppen und Wüsten immer wieder neue Kraft gefunden hatte, so wurden diese scheinbar so untauglichen Gebiete der Nord- und Ostsee ein unversiechlicher Quell für das Abendland. Schon im Altertum sehen wir es von dort aufsteigen, zur Zeit der Cimbern und Teutonen: die erste Mahnung Europas, als Rom der Sirenenstimme des Orients sich nicht verschliesst. Dann, als alles verloren erscheint, kommen die Goten aus denselben Gegenden herunter und lagern sich wie ein Bollwerk im Osten des römischen Reichs: nur über ihre Leiber hinweg soll dem Orient der Angriff gelingen. Und jetzt, wo auch diese unmittelbar nicht zu überwindenden Goten dem mittelbaren Angriff Asiens erlegen sind, wo nichts mehr die Hunnen aufhielt auf ihrem Weg, jetzt sehen wir es abermals von diesen Steppen heranziehen zum Schutz Europas: die Sueven, Vandalen, Angelsachsen, Langobarden erheben sich und verteilen ihre Massen über ganz Europa.

Die Völkerwanderung beginnt und löst ihre Doppelaufgabe. Zunächst die Verjüngung Europas. Ein sinnloses Wüten scheinbar im eigenen Fleisch, ein Blutvergiessen, das den Hunnen nur erwünscht sein mochte, in dem sie eine Unterstützung des eigenen Zerstörungswerkes sahen. Und doch war das Alles nur eine notwendige Vorarbeit, deren eigentlicher Sinn ihnen verschlossen blieb. Nicht gegen Europa, sondern gegen den Orient in Europa richteten sich die Schwerthiebe dieser „Barbaren". Nicht zur Eroberung fremder Länder zogen sie aus, sondern wie Rom, wollten sie nur wiedergewinnen, was man ihnen entrissen hatte. Ja selbst da, wo sie ihr wirkliches Eigentum angriffen, thaten sie nichts anderes als der Soldat, der zur Vernichtung des Feindes die Ernte der eigenen Heimat niederreitet, muss es sein auch seine Städte und Dörfer in Brand steckt. —

Das Gewitter einer neuen Zeit war über Europa hingegangen. Nur Tod und Elend schien seine rohe

Gewalt gebracht zu haben. Da lagen die besudelten Reste einer Kultur, die mit ihrem Licht die dunkelsten Winkel und Ecken des Abendlandes hatte erleuchten wollen: jetzt in den Staub getreten von den finsteren, jenen schwarzen Winkeln entstiegenen Dämonen. Nichts hatten sie geschont, diese unheimlichen Gewalten. In brutaler Rohheit hatten sie sich sogar an der stillen Gemeinde von Bildern und Statuen vergriffen, die am hellsten das Licht jener Kultur widerspiegelten. Eine Nacht des Todes drohte heraufzuziehen über Europa.

Aber das Gewitter ging vorüber. Und wie die Wolken sich jetzt teilten und es hell und heller wurde, da strahlte es in tausend glitzernden Farben dem Himmel entgegen, so klar und jugendfrisch, dass auch im finstersten Gemüt die Hoffnung neuen Treibens, neuen Lebens aufleuchten musste. Und diese Hoffnung sollte sich nicht täuschen. Nie vorher war der Boden des Abendlandes so fruchtbar gewesen wie jetzt. An allen Enden, in niegekannten und halbvergessenen Winkeln, die zu nichts verwendbar schienen, da brach es jetzt dicht und stark hervor, da drängte es sich überhastig, gewaltsam fast ans Licht.

Nun wagte das Abendland seinen Angriff. Sorgsam, durch lange Zeit hindurch hatte es ihn vorbereitet.

In den neuen Reichen, die aus seinem neu befruch-
teten Boden hervorwuchsen, verteilte es seine Truppen,
rund um die feindlichen Lager. Dann schloss es
den gewaltigen Ring und zog ihn enger und enger
zusammen. Endlich schlug es los: die Schlacht auf
den katalaunischen Gefilden. Die erste grosse Niederlage der Hunnen — des Orients.

Die Niederlage war nicht entscheidend, aber das
eine wurde dem grossen Führer der Hunnen klar:
ein Wendepunkt für sein Volk und seine Heimat.
Das war nicht mehr das Europa, das sie bei ihrem
ersten Einfall kennen gelernt hatten; das waren
andere Völker, die ihnen jetzt entgegenstanden. Das
Abendland war es jetzt, dessen Völker den Feinden
unwiderstehlichen Schrecken einflössten. Bei diesem
ruhig unaufhaltsamen Vorgehen verliess die Hunnen
ihr sicheres Selbstvertrauen. Wohl konnten sie hier
und da noch siegreich vordringen, aber ihr Weg
führte sie jetzt nach dem Osten. Es gab kein Ent-
rinnen aus dem unheimlichen Kreis, der sich immer
fester um sie herumschloss, um sie endlich wie mit
sich schliessenden Eisenklammern herauszupressen aus
dem Erdteil, den zu unterwerfen sie sich vermessen
hatten.

Die Vertreibung der Hunnen war das erste
Zeichen der wiedererwachten Lebenskraft Europas.

Noch eine Zeit lang flammte die Bewegung fort, der die Hunnen hatten weichen müssen: in dem Zerstörungswerk, mit dem Europa die letzten Spuren der alten Kultur vernichtete, dem peinlich ängstlichen Ausschliessen alles dessen, was nicht europäisch war, vor allem der scharfen Trennung zwischen ost- und weströmischem Reich, und dabei der achtlosen Gleichgiltigkeit gegen die Schicksale von Ostrom, das zu Asien gehörte. Ja man vermachte ihm sogar das Danaergeschenk des kaiserlichen Throns, eines alten zerbrechlichen Möbels, in dem der Holzwurm frass, und auf das man sich nicht ohne Gefahr stützen konnte. Ihn begleitete die ganze Schar der alten Schranzen und Dirnen: die Rohheit der Weströmer sagte ihnen nicht zu. — —

Von jeher waren die grossen Kriege der Völker Kriege um die Kultur. Das Volk ist am grössten, am glücklichsten, das den jedesmaligen Wünschen der fortschreitenden Kultur am besten nachzukommen versteht. Die Wünsche der Kultur ändern sich wie Ideale des heranwachsenden Menschen. Klima und Geschichte machen bald dieses, bald jenes Volk geeigneter, einem neuen Verlangen, einem neuen Ideal der Kultur zu entsprechen. Hart und egoistisch wie alle Naturmächte fragt die Kultur nicht lange nach dem Glück der Völker. Verheisst ein Volk

ihr mehr als ein anderes, so verlässt sie den alten
Günstling und wendet dem neuen ihre ganze Liebe
zu. Die Völker jedoch, ist es nicht ebenso natürlich,
dass sie mit Gewalt ihr entschwindendes Glück zu
halten suchen? Mit dem wahnsinnigen Hass des
verstossenen Liebhabers treten sie ihrem Nebenbuhler
entgegen, wollen ihn vernichten, um jeden Preis,
selbst den des eigenen Lebens. Die Leidenschaft
macht sie blind, sie sehen nicht, dass der Ausgang
von allem Anfang an feststeht — dass ihr Nebenbuhler nur um so stolzer aus dem Kampf hervorgeht.

„Ihr Blut komme über uns und unsere Kinder"
— als der Orient diese Worte sprach, da stand es
fest, dass die Kultur ihn verlassen würde. Europa
war der neue Günstling. Was half es, dass der
Orient sich gewaltsam auflehnte, als ihm eine erste
Ahnung seines Unglücks dämmerte! Er besass
wohl die grösseren Massen und konnte mit einem
plötzlichen Ueberfall das Abendland in seine Hände
zwingen. Aber konnte er es halten? Nicht die
Masse sondern die Leitung entscheidet den Kampf.
Noch war Europa ohne Führung, ohne Organisation.
Aber die Kultur war bei ihm eingekehrt: sie war
es, die seine Reihen ordnete, jene kolossale Schlacht-
aufstellung zu Stande brachte, in der jeder einzelne
Heeresteil ein ganzes Volk, der Kriegsschauplatz

ein Weltteil war, und mit der ein Zwerg einen Riesen zu bewältigen vermochte.

Die Kultur war es auch, die das grössere Werk vollbrachte: die ungeschlachten, rohen Völker dieses Weltteiles zugänglich machte für den grossen Gedanken, den sie ins Leben rufen wollte. Die Vernichtung aller Standesunterschiede war das letzte Orakel gewesen, das die Wüste der fragenden Menschheit gegeben hatte. War der Sinn des Spruches schon dem erfahrenen Orient dunkel geblieben, so musste er dem jungen Abendland noch unverständlicher sein. Keine Uebersetzung, keine Umschreibung hätte ihn sogleich klar gemacht, und so blieb der Kultur nichts übrig, als langsam, langsam erst diese Völker so weit zu erziehen, dass ihr Geist selbstständig begreifen konnte, was dem Orient so unerfasslich war.

Wie sie vorging bei diesem Werk? — Wie sie es bei ihren Schicksalsmenschen bisher gemacht hatte: Moses, Elias und Jesus hatte sie in die Entbehrungen der Wüste hinausgestossen. Die Entsagung aller irdischen Genüsse hatte den Geist jener Männer so geklärt, hatte alle die trübenden Eindrücke der früheren Zeit so gründlich aus ihrem Innern weggewischt, dass sie fähig wurden zur Aufnahme eines neuen, grossen Gedankens.

Wie sie bei diesen Einsiedlern im Kleinen vorgegangen war, so that sie es jetzt im Grossen bei
den Völkern Europas. Das Ideal der Askese war
die erste Form, in der sie dem Abendland das
Christentum predigte. Eine furchtbare Lehre, die
alles Schöne und Edle zu vernichten schien. Vor ihren
grausamen Worten zogen die alten Götter grollend
sich zurück, flüchteten die lieblichsten Göttinnen
weinend in die dunkelsten Höhlen. Genuss ward
Laster, Frohsinn Sünde, alle die schönen Blüten
und Blumen der alten Zeit verdorrten vor diesem
rauhen Sturmwind aus dem Osten — aber auch
dieser Sturm war von der wohlthätig fruchtbaren
Art, die das Leben vernichtet, um Leben zu bringen.

*   *
*

Zu lange hatte der Orient die Entwickelung des
Menschen geleitet, zu verächtlich erschien ihm die
Nebenbuhlerschaft Europas, um gutwillig seine An-
sprüche aufzugeben. Sein erster Angriff war miss-
lungen. Sorgsamer und weniger übereilt holte er
nun aus zu einem zweiten. Von dem Sieg Europas
hatte er gelernt. Wie die Völker des Abendlandes
die Hunnen umstellt und sie durch das Zusammen-
pressen ihres Ringes erdrückt hatten, so dachte jetzt
der Orient seine Streitkräfte in der breiten Front

dreier Weltteile langsam erst zu entwickeln, um dann durch ein geschlossenes Vorgehen den Feind, dem er mit seiner Macht so unendlich überlegen war, zu vernichten; das Völkerthor im Osten, die Küstenstriche Griechenlands, Kleinasiens und Nordafrikas, den Nordabhang der Pyrenäen — gelang es ihm diese Stellung zu gewinnen, dann konnte sein Sieg nicht zweifelhaft sein.

Unbedingt sicher hatte man zuvor nur einen Posten: den im Osten Europas. So wenig wie die Hunnen konnte das Abendland irgend ein anderes Steppenvolk hier am Einfall hindern, sobald es nur in genügender Stärke erschien. Und an Menschenmaterial zur Berennung gerade dieses Punktes fehlte es dem Orient nicht. Die Tiefen der Mongolei, der Hölle Europas mit ihren „Tartaren", ihren Höllengeistern und Unterweltvölkern, waren unergründlich. Hier konnte man schöpfen und immer wieder schöpfen und nachschütten, um schliesslich ganz Europa in Brand zu stecken.

Unendlich viel schwieriger aber als der Angriff im Osten war der im Süden und Westen. Nicht allein, dass dieser Angriff durch lange Zeiträume hindurch vorbereitet werden musste: es lag auch die Gefahr nahe, dass die Söhne Asiens, die dort hinübergeworfen würden, den Zusammenhang mit dem grossen Vaterland verloren. Die Begeisterung konnte leicht erlöschen, und doch war gerade diese Begeisterung die erste Bedingung zum Sieg. Als Ein Volk, ein durch gemeinsame Wünsche aneinandergeschlossenes Volk mussten sie sich fühlen, sollten sie mit der Einmütigkeit vorgehen, ohne die hier nichts zu erreichen war. Welche Mittel aber gab es, sie ausserhalb der Grenze ihres Landes im Verkehr mit andersdenkenden Menschen so fest zusammenzuhalten?

In diesem Augenblick ist es, wo wir abermals einen jener Schicksalsmenschen hervortreten sehen, deren Kraft sich durch den Wirrwarr der Meinungen ganzer Völker hindurchzuzwingen weiss: Mohammed; neben Moses und Jesus der grösste Schicksalsmensch unserer Art. Er hat weniger gewirkt als diese beiden, denn sein Werk galt einem verfallenden, nicht einem aufsteigenden Geschlecht. Aber indem er einen Weltteil, der durch zahllose Jahrhunderte hindurch den Menschen entwickelt hatte, noch einmal zu einer letzten Kraftanstrengung begeistern konnte, indem er diesem Weltteil das Zeichen vorhielt, durch das er noch einmal siegen konnte, erscheint seine Gestalt in übermenschlicher Heldengrösse. Er war vergebens, dieser letzte Kampf. Aber die unglücklichen Truppen fochten mit einer Todesverachtung, deren blutiger Ruhm auf ihren geistigen Führer einen hellen Glanz zurückwirft. Das ist es, was die Grösse Mohammeds ausmacht: sie ist umstrahlt vom Zauberlicht einer untergehenden Sonne. —

Das Band, mit dem Mohammed die besten Kräfte des zerfallenden Orients noch einmal zu gemeinsamem Wirken zusammenfasste, war die Stiftung einer neuen Religion. Wie Moses, Elias und Jesus fand er die treibenden Gedanken dieser Religion in der Wüste. Wie die grossen Propheten, zieht Mohammed dahin zurück, um die tausend sich widersprechenden und unklaren Meinungen der Zeit sich austoben und in seinem kranken Hirn wühlen zu lassen, bis er endlich die geheimnisvolle Formel gefunden hat, der alle jene Spukgeister sich beugen müssen: die fanatische Lehre einer Religion. — Zum letztenmal leiht die Wüste Asien ihre belebende Kraft. Bei allen grossen Fortschritten hatte sie ihm das erlösende Wort zugerufen: auch bei seinem letzten Gang sollte er die Stimme der Wüste nicht vermissen. —

Das richtige Wort war gefunden. So leidenschaftlich, wie die vorgeschrittenen Völker des Abendlands über die zurückgebliebenen herfielen, um diesen Heiden ihren Gott, den einzig wahren zu verkünden, warfen die Araber sich nun auf die Ungläubigen. In ihrer Heimat zunächst liessen sie das reinigende Gewitter toben. Bis über den Euphrat drangen sie

vor und stellten hier die äussersten Glieder vom
rechten Flügel ihrer ungeheuren Schlachtordnung auf.
Dann entwickelten sie ihre Massen. Ueber Damaskus
nach Jerusalem, und weiter südlich nach Aegypten.
Mit der Unterwerfung Persiens sicherten sie sich
gleichzeitig im Rücken die nötigen Ersatztruppen.
Das Hauptlager wurde von Medina verlegt nach
Damaskus. Nun die Eroberung der Nordküste
Afrikas, und endlich die Aufstellung des linken
Flügels in Spanien: in Euopa selbst. — Eine wunderbare Macht in diesem Heereszug, der jahrhunderte-
lang mit ungeschwächter Entschlossenheit fortgeführt
wurde — in diesem Volk, dessen Kraft durch die
Aufregungen des Zuges so wenig erschöpft wurde,
dass ihm die Fähigkeit blieb zur Hervorbringung
einer neuen, unendlich feinen und blendenden
Kultur. — —

Und Europa? Lange hatte es den Anschlägen
Asiens ruhig zusehen können. Das gemeinsame Ziel
gab seinen Völkern in jedem Augenblick der Gefahr
eine Einheit, die nicht zu durchbrechen war. Mochten
die Steppenvölker im Osten, die Avaren und Chasoren,
heranziehen, der Durchbruch gelang ihnen nicht. Eben-
sowenig hatten die Araber zunächst irgendwelche
Aussicht auf das Gelingen ihres Werkes. Aber seltsam: je gefährlicher sich diese Macht des Morgen-

landes entfaltete, je einheitlicher das Abendland seine
Scharen beisammen halten musste, um so breiter
werden die Risse, die allenthalben in Europa auftreten, um Volk von Volk, Stand von Stand zu
trennen. Wieder einmal droht das Abendland einer
allgemeinen Zersetzungskrankheit zu erliegen, und
wieder ist es Rom, von dem die Krankheit ausgeht.

Die Gleich-, die Ebenmachung aller Stände hatte
das Christentum von Europa verlangt. Nicht unmittelbar war die Aufgabe durchzuführen. Sie allein verständlich zu machen, dazu bedurfte es der ungeheuren
Vorarbeit, die in der Ausbreitung asketischer Ideale,
einer sinneverläumdenden Moral lag. Rom war mit
dieser verneinenden Arbeit betraut worden. Rom
hatte sie übernommen und in ihr zum zweitenmal
seine ganze Gewalt über das Abendland zurück-
erlangt. Aber eben durch dieses Gefühl der Macht
liess es sich blenden über das eigentliche Ziel seiner
Aufgabe. Es beachtete nicht, dass diese ganze Moral,
in deren Namen es herrschte, eine blosse Vorbereitung
war. Waren die Gemüter des Abendlandes durch
die Askese genügend erhellt, waren sie fähig zur Aufnahme neuer Eindrücke, dann durften ihnen diese
neuen Eindrücke selbst nicht länger vorenthalten
werden, dann musste man sie bekannt machen mit
der wesentlichen, der bejahenden Lehre des Christen-

tums. Geschah es nicht, so war kein Zweifel, dass
dieselben Ideale, die einst fördernd gewirkt hatten,
sich umkehrten und mörderisch im eignen Innern
wühlten.

Rom sträubte sich zur Niederlegung seiner zweiten Gewaltherrschaft, und so brach die zweite grosse
europäische Krankheit aus. Das Jahr 1000 steht am
Anfang dieser unglücklichen Epoche. Dem Andrang
der geistig reifenden Völker hatte Rom nicht ausweichen können, es hatte sich zu einer Antwort auf
die immer ungestümeren Fragen herbeilassen müssen:
da gab es die Sage vom tausendjährigen Reich aus.
Im Jahre 1000 sollte das grosse Gericht erscheinen,
sollten Völker und Menschen aus der Hand des
Schöpfers ihr Urteil empfangen.

Man glaubte Rom und geduldete sich. Aber
— das Jahr 1000 brachte kein Reich Gottes. Rom
dachte nicht daran, an den bejahenden Teil seiner
Aufgabe heranzutreten: es setzte die alte überlebte
Herrschaft fort. Noch war Europa zu unselbständig,
gegen die ans Herrschen gewöhnte Tiberstadt gewaltsam sich aufzulehnen, und so bildete sich der
schmerzliche Gegensatz heraus, der die Veranlassung
so vieler krankhafter Erscheinungen wurde. Im
Grossen zeigten sich hier die Verirrungen und wider-
natürlichen Regungen, die beim mannbar gewordenen

Jüngling auftreten, wenn roher Unverstand ihn zu gewaltsamer Unterdrückung des Geschlechtstriebes zwingt. Will man die ganze Tiefe dieser Entartung ermessen, so vergleiche man den Gegensatz zwischen der Art, wie man jetzt den Einzug des Frühlings begrüsste, und wie man es ehedem that. Der Frühling, dieses Aufkeimen einer neuen Saat, einer neuen Hoffnung, war dem unverfälscht sinnlichen Gemüt das reinste Symbol des Lebens, der Lebensfreude. Zu welchem Zerrbild entstellt dieses Symbol der asketische, unter dem Druck der verneinenden Moral stehende Mensch! Nicht mehr sind es die bunten, farbenreichen Züge der Gemeinden, die dem jungen Mai entgegenkommen, sondern ein Rudel quieckender, besenreitender alter Weiber, widerlich in ihrer runzlichen Nacktheit. Ein geiler Bock vertritt die Heiligkeit der Befruchtung, ein Höllengeist mit Pferdefuss und Hörnern die Schönheit des Frühlings.

Wohl hatte das Christentum gleich zu Anfang die tiefsten und edelsten Sagen der alten Völker in die widerwärtigsten Vorgänge umgelogen, aber jetzt erst zeigt sich diese Welt der Verneinung in ihrer ganzen traurigen Grösse. Die pfäffische Phantasie wird Wirklichkeit. Leibhaftige Hexen verdrängen die Luftgestalten des Aberglaubens. Es war ein überstarkes, gesundes Gefühl, das diese „Hexen" zu

ihren scheinbar so ekelhaften und ungesunden Thaten
trieb. Ihre „Bestialität" ist nichts als ein Wider-
spruch gegen die überlebte Gewaltherrschaft der
römischen Kirche, ihre Hysterie, die sich in einer
übertriebenen Abscheu vor allen religiösen Symbolen
zeigt, namentlich ihrem „teuflischen" Widerwillen
gegen die Hostie, verrät eine Kraft, die nur in
andere Bahnen geleitet zu werden brauchte, um der
edelsten Thaten fähig zu sein. Und was der Hexen-
geist in Einzelnen, das sind in ganzen Gemeinden
die epidemisch auftretenden „Krankheiten", wie die
furchtbare Tanzwut: die verzweifelten Anstrengungen,
sich loszumachen vom alten Zwang, und die Erkenntnis,
dass dieser Zwang noch überstark sie niederzwingt.

Während so Europa sich aufzehrt im Kampf
mit Rom, mit der eignen Vergangenheit, da rückt
es von Asien immer näher, immer drohender heran.
Man sieht sich plötzlich rings umschlossen.

Da noch einmal entfaltet Rom seine ganze Macht.
Es weiss den Ernst der Lage zu erfassen, weiss
Europa darauf aufmerksam zu machen und dessen
ganzen Hass gegen das Morgenland von neuem zu
entflammen. Ueber die äussere Gefahr vergisst man
die Seelenkämpfe des eigenen Inneren. Der alte
Kriegsruf tönt durch Europa, und wie eine Erscheinung aus dem Grabe steigt die wunderbare Grösse

des alten, des kriegführenden Rom auf aus tausendjähriger Ruhe. Der Papst wird zum Imperator, unter dessen Augen die Truppen sich sammeln zur grossen Heerschau, dessen Worte die Kämpfer vor Mordlust glühen macht. So ziehen sie aus, nach dem „heiligen Grab" und legen die erste Bresche in die feindliche Macht, schlagen sich einen Weg durch die Reihen der Feinde, indem sie in immer erneutem Sturm dieselbe Stelle berennen.

Das ist das Werk der Kreuzzüge. Ein ungeheurer Rückschlag scheinbar in der Kultur Europas, diese „höchste Blüte der päpstlichen Macht" — aber ein notwendiger Rückschlag angesichts der Gefahr, die der Mohammedanismus dem ganzen Abendland brachte. Indem Europa es über sich vermochte, einmal noch alle Wege nach Rom führen zu lassen, einmal noch die Regungen des eigenen Willens zu unterdrücken, gewann es die ungeheure Macht, das Riesenheer Mohammeds niederzuschlagen: 1248 trat Friedrich II seinen Kreuzzug an, zehn Jahre später fällt Bagdad, und mit ihm stürzt die asiatische Bedeutung der Araber — die Kreuzzüge hatten ihre Bestimmung erfüllt. Dem Reichtum der Kalifen ist die Wurzel abgeschlagen. Eine Zeit noch blühen sie scheinbar fort: aber ihre Blüte zehrt am Mark eines Stammes, der keine neuen Säfte mehr aufsaugen kann.

Die Stimme der Wüste, die Europa den Untergang zugeschworen hatte, war im Verhallen — deutlicher als je hörte das Abendland nun jene andere, aus der ihm seine Aufgabe herausklang: die Befreiung des Individuums, der Ruf, den der Waffenlärm des 12. u. 13. Jahrhunderts übertäubt hatte.

Zunächst wieder dieselben Erscheinungen, die das erstehende 11. Jahrhundert bereits gesehen hatte. Diesmal um so greller, als der Ruf hörbarer war. Die Prozesse gegen die Hexen und Zaubermeister, diese Märtyrer der Neuzeit, nahmen einen ungeheuerlichen Umfang, von der Tanzwut blieben selbst Greise und schwangere Weiber nicht verschont. Ja ganze Seuchen konnte diese fortdauernde Unterdrückung der gewaltsam auflodernden Sinnlichkeit hervorrufen. Dann wieder ein allgemeiner geistiger Rückschlag als Folge dieser Seuchen, in denen man ein göttliches Strafgericht erblickt. Die langen Züge des Todes, Flagellanten und Wallfahrer ziehen durchs Land. Ein krampfhaftes Hinstarren auf heilige Lappen und Knochen, auf Orte, die der Kirche geweiht und damit der Natur entweiht sind, um nochmals die Sinne „abzutöten“ und Frieden zu haben — es ist ein fürchterlicher Bannkreis, in dem das zu Tod geängstigte Abendland sich dreht.

Und als nun endlich der Geist stark genug

scheint, die römischen Fesseln von sich zu werfen,
als in Italien zuerst und dann im Norden ein Ver-
ständnis für das Ideal des freien Individuums auf-
keimt und die Wunderblume der Renaissance ihre
Blätter entfaltet, da fegt noch einmal der rauhe
Ostwind über Europa und verdorrt alle jene hoff-
nungsvollen Blüten: das letzte Tatarenvolk, die
Türken kommen herüber. Doch dieser letzte, ohn-
mächtige, verspätete Versuch Asiens vermag das
Abendland nicht mehr zu gefährden. Die „Gegen-
reformation", die zur Vertreibung der Eindringlinge
zu den Waffen ruft, hat nicht nötig ganz Europa
aufzubieten. Die Völker des Südens sind stark genug,
die fremde Macht so ungefährlich zu machen, wie
deren Vorgänger, die Mongolen.

Schlimmer schon, viel schlimmer ist die Bewegung, die im Gefolge dieses Kampfes auftritt: der
dreissigjährige Krieg, ein verzweifeltes nochmaliges
Sichaufbäumen des alten Geistes, der Todeskampf
des verneinenden, des asketischen Christentums.

Aber auch das geht vorüber, und das 18. Jahrhundert bedeutet den vollen Sieg der Neuzeit. Die
letzten Ritter des mittelalterlichen Rom verlieren
ihren Anhang. Die Aufklärung versucht mit ihrem
Licht die dunkeln Massen zu erhellen. Friedrich II,
Voltaire, Lessing: ein spöttisches Lächeln schliesslich

die einzige Antwort auf die finsteren Drohungen der Dunkelmänner.

Endlich, endlich hatte man die gewaltigste Stimme der Wüste gehört: die Befreiung des Individuums, die Niederreissung aller gesellschaftlichen Schranken und Vorurteile ist das Ziel, dem die edelsten Kräfte Europas sich zuwenden. Nicht mit einemmal kann man es erreichen. Unendlich lange und schwierige Vorarbeiten sind nötig. Aber man erkennt sie, man ist bereit, sie zu lösen, und indem man seine Streitkräfte teilt, tritt man frisch an sie heran. Hier sammeln sich alle philosophisch veranlagten Köpfe; ihr begabtester weiss den Gedanken zu erfassen, von dessen Höhen herab man am deutlichsten das gemeinsame Ziel erkennen wird; er weist darauf hin, alle andern folgen seiner Richtung und graben, bohren und schlagen sich einen Weg. Dort ziehen andere sich zurück in die Einsamkeit ihres Arbeitszimmers und suchen die Zukunft auf ihre Art am Schmelztiegel und der Retorte, beugen sich über das Mikroskop oder lesen in den Sternen, nicht mit der Mystik der alten Phantasten, sondern mit Spektroskop und Fernrohr: stille, weltentsagende Gelehrte — die Heiligen des 19. Jahrhunderts. Wieder andere versinken in sich selbst beim Sausen und Poltern arbeitender Maschinen.

An tausend Punkten hat man sich verteilt. Grosse Zwischenräume trennen oft die einzelnen Stätten der Arbeit, kaum dass man noch voneinander weiss. Aber so fremd sie sich auch scheinen mögen, diese Forscher und Denker und Künstler und Arbeiter, sie alle stehen im Dienst derselben Sache: sie alle folgen derselben Stimme — der Stimme der Wüste, deren erster schwacher Klang das Ohr des Schwärmers von Nazareth traf.

*   *
*

Die Grossstädte des 19. Jahrhunderts und die Totenstädte Altägyptens — die Behauptung mag wunderlich klingen, aber beide haben etwas Gemeinsames. Die Nekropolen von Memphis und Theben, wie sie sich am Rand der Wüste hinzogen als die blossen Durchbrechungen und Umformungen der Steinhügel, die in ihrer gleichförmigen Flachheit ein treues Ebenbild der ungebundenen Wüste waren: feiert die rohe, plumpe Einfachheit dieser Nekropolen nicht ihre Auferstehung in den Missgeburten unserer Grossstädte? Auch hier Flachland, endloses Flachland als der Hintergrund des Ganzen. Die Städte selbst aber: Eine grosse, gleichhohe Steinmasse, in die man, wie es scheint, zuerst mit öder Gleichmässigkeit Gräben, Strassen genannt, eingehauen hat, und in die man sich weiter einarbeitete durch die Löcher der Thüren und Fenster, um sie schliesslich mit Stollen nach allen Richtungen hin zu durchqueren.

Und doch auch wieder giebt es keine grösseren Gegensätze, als die stumme, ewig rastende Nekropole und die nimmerstille, nimmermüde Grossstadt. Könnten wir das Leben dieser Grossstadt beobachten von einem überirdischen Standpunkt aus, mit einem überirdischen Blick, an dem Tag und Nacht in schnellem Wechsel vorübergleiten: die Grossstadt selbst, wie sie im Arbeitsdunst des Tages sich dehnt und zusammenschrumpft in der Klarheit der Nacht, würde uns als ein leibhaftiges, ein- und ausatmendes Wesen entgegentreten. Und nicht nur als ein ruhig atmendes, auch als ein dämonisches, blutsaugendes Wesen, ein ungeheurer Vampyr, der mit seinem Basiliskenblick unzählige der kleinen Wesen anlockt, die in den Gebieten ringsum sich tummeln, sie aussaugt, breiter und behäbiger sich ausdehnt, nimmersatt mehr und mehr Opfer verlangt und schliesslich das ganze Land zu veröden droht. — –

Ein unerklärliches, unergründliches Wesen, das es versteht, die besten Köpfe des Landes anzuziehen und aufzubrauchen — in der That: das ist die Grossstadt. Aber ist es ein unheimlich gieriger Vampyr, der nicht wiedergiebt was er genommen hat? Nein, bloss zerstörend ist sie so wenig, wie die grossen Propheten der Wüste es waren. Zwar unzählige Schönheiten vernichtet sie, verwirrt tausend keimende und hoffnungsfreudige Gedanken. Aber thaten das nicht auch jene Propheten? Wann hätte die Menschheit je etwas erreicht ohne die Einseitigkeit des Fatalismus?

Die geistige Arbeit der alten Schicksalsmenschen und Propheten, das ist das eigentliche Symbol des Lebens der Grossstadt. Wie in den Köpfen eines Moses, Elias, Jesus und Mohammed die grossen Gedanken der Zeit zusammenströmten, so münden alle ernsteren Bestrebungen unserer Zeit im Geistesleben der Grossstadt. Und wie ein bestimmter Wille in jenen Männern immer herrischer auftritt, der die widerspenstigen Gedanken zur Ruhe zwingt und sie beugt, bis sie endlich sich fügen und unterordnen, so auch enthüllt aus dem Wirrwarr der Grossstadt sich klar und klarer ein bestimmtes, greifbares Ziel, dem die ungezählten Kräfte unserer Zeit sich anschmiegen, dem sie dienen, dem zu Gehorsam sie ihre Selbständigkeit aufgeben müssen: das ist der Wunsch eines Ausgleiches aller Standesunterschiede.

Was Jesus unklar nur erkannte, was ihm der Nebel seiner Zeit mehr verschleierte als andeutete, das drängt und ringt sich jetzt gewaltsam hindurch

zum Licht. Der Einsiedler von Kanaan predigte
tauben Ohren. Nur ein halber Wahnsinn, schien es,
konnte ihm den Gedanken eingeben, sich aufzulehnen
gegen alle Trennung von Mensch und Mensch, gegen
die Schranken einer Kaste, eines Standes. Wie un-
nahbar heilig, wie unerschütterlich schienen die Vor-
rechte der oberen, wie natürlich und notwendig die
Pflichten der unteren Stände damals!

Und heute? Der Glaube, das mächtigste Hindernis
für die Beseitigung jener Unterschiede, ist bedenklich ins Wanken gekommen. Die Arbeit der letzten
beiden Jahrtausende war nicht umsonst, und dem
grossen Bankhaus „im Himmel" droht ein fürchterlicher Krach. Es scheint, dass sie endlich doch alle
werden wollen, die Leute, die ihr Schicksal dem
Herrgott in Kommission geben. Und wenn der
grosse Agent sich nicht entschliessen kann, die Ver-
waltungskosten bald ganz bedeutend herabzusetzen,
so wird er seine letzten Kunden noch früher ziehen
sehen. Die ganze irdische Seligkeit als Einsatz auf
eine mehr als zweifelhafte Zukunftsanweisung —
das ist zu teuer. — Je grösser aber die Anzahl der
Aktionäre ist, die misstrauisch dieser Gesellschaft
mit unbeschränkter Haftpflicht ihren Geschäftsanteil
entziehen, um so näher scheint das alte Wüsten-
rätsel seiner Lösung. Da reiben die Stände sich

immer dichter aneinander, da flachen sie die Gegensätze immer mehr ab und drängen und mischen sich immer tiefer ineinander.

Verschieden sind die Gründe, die den Einzelnen in diesem grossen Getriebe vorwärts zwingen, verschiedener noch die Gangarten, in den man hier und dort vorwärts geht, am verschiedensten vielleicht die Persönlichkeiten, die als Vertreter ganzer Massen ihre Kraft einsetzen. So unübersichtlich aber die bewegenden Mächte sein mögen, eine scharf umgrenzte, von allen übrigen sich sondernde Gruppe hebt sich deutlich unter den andern hervor: das ist Altisrael.

Weit, weit über die Erwartungen des ersten Schicksalsmenschen hinaus hat der Traum des Moses sich erfüllt. Israel ist das Volk der Wüste geworden, in einem höheren Sinn als er es sich dachte. Wie eine Verkörperung der uralten Stimme der Wüste selbst, wandelt dieses Volk nun durch die Länder. Unablässig ruft es ihnen die Losung ihrer Urahnen, die Lehre der alten Steppenvölker ins Ohr. Und wo es einen Sturm gilt auf ein Bollwerk, das im Weg steht, da sehen wir dieses geheimnisvolle, rätselhafte Volk an der Arbeit. Nicht in offnem Kampf gehen sie vor, sondern in jener lautlosen Unterwühlungsarbeit, die sie zweimal zum Sturz brachte, als sie glücklich sein wollten, wie die

andern Völker, der sie ihr ganzes Unglück ver-
danken — und die sie in ihrem Unglück so genau
verstehen lernten. So gingen sie vor, als sie die alte
Ritterherrlichkeit, Ritterrohheit durch die Einführung des Handels brachen, so gründeten sie den
Kapitalismus, der die Macht des alten Grundbesitzes
ins Grab stürzte, so untergruben Marx und Lasalle
den entarteten, herrisch gewordenen Kapitalismus.

Man liebt sein böses Gewissen nicht. Immer
wieder, wenn die Geschichte uns einen Schritt dem
grossen Ziel entgegendrängt und Israel sich von
neuem an seine Arbeit macht, sehen wir eine Zeit
der Judenverfolgung eintreten. Auch heute, wie zur
Zeit der Kreuzzüge, stehen wir vor solch einem be-
deutenden Wendepunkt. Sollte man es glauben,
dass das Jahrhundert Goethes und Humboldts noch
einmal die Beweise des Mittelalters zur „Abwehr
gegen das Judentum" anführen konnte? — Doch mit
Befriedigung kann man es immer deutlicher bestätigt
sehen, dass diese Mittel der Bigotterie ihre Wirkungs-
kraft verloren haben. Die Idee einer fortschreitenden
Entwickelung unseres Geschlechtes ist bereits zu
mächtig geworden. Nur zur Bekämpfung solcher
Erscheinungen, die sich diesem Entwickelungsgang
hemmend in den Weg stellen, sind die besten Kräfte
unserer Zeit noch dauernd zu überreden. Das haben

8*

auch unsere Antisemiten einsehen gelernt, und danach ihre Kampfesweise geändert. Judaea, so behaupten sie nun, hat nie sesshaft werden können, Judaea ist keiner nationalen Kultur fähig. Sesshaftigkeit und Nationalität aber sind die ersten Bedingungen zur Erklimmung einer höheren Kulturstufe.

Sesshaftigkeit und Nationalität — gewiss, die Juden haben es nie kennen gelernt; ihr Gott offenbart sich mit den Worten „ich werde sein", das Heil bringt ihnen ein Messias der Zukunft. Eine Heimat kennen sie nicht, sondern nur ein Land, das ihnen der Herr ihr Gott giebt, eine Herberge gleichsam. Sesshaftigkeit und Nationalität — sicher, es sind Stationen, an denen wir vorüber müssen auf dem Weg zum freien Individuum. Aber was ist das, was unsere Antisemiten uns zeigen? Diese tölpelhafte Bauerndummheit, die sich nur auf dem Quadratmeter Landes auskennt, auf dem sie geboren wurde, sollte die gepriesene Sesshaftigkeit sein? Und dieser Patriotismus, dieser bekneipte Hurrahpatriotismus des tüchtigen Beamten, der sich am Sedantag in den Bratenrock wirft und beim Schützenfest seine Einheit mit dem „Volk" feiert, das soll das Ideal der Nationalität sein? Beneidenswerte Nasen, die es in diesem Gemisch von Bureauduft und allerhöchster Begeisterung auf die Dauer aushalten können.

Ueberwunden, aber nicht bekämpft werden müssen die Schwächen des Judentums. Das Judentum unschädlich machen gegen die Dummheit des Volkes, das ist ein elender Verrat an dem Volk, das man zu schützen vorgiebt. Liebt man es wirklich so sehr, so gebe man ihm die Ausbildung, die es gegen solche Angriffe sicher macht. Das hat England gethan, das hat Amerika gethan, und beide haben die „Judenfrage" überwunden. Will man aber behaupten, England und Amerika hätten darum vergessen, was Nationalität ist? Zugegeben, dass auch diese Nationalität den Schlagbaum und den Zollbeamten nicht verschmäht — auf die Gnade der Bierwirte und Vereinsvorsteher ist sie doch nicht angewiesen. Im lieben Deutschland dagegen . . . .

Ueberwinden - - aber nicht bekämpfen, nur das ist im Sinn der Entwickelung gehandelt. Damit erst ebnet man der Kultur ihren Weg: damit zugleich gräbt man dem ruhelosen Ahasver sein heissersehntes Grab. Denn das ist das Los dieses Volkes der Zukunft, dass es wie Moses nie der Gegenwart sich freuen soll, dass es uns durch eine endlose Wüste hindurch an den Saum eines Landes führen muss, das uns alle Glückseligkeit, ihm aber den sicheren Tod bringt. -- —

Der Antisemitismus, das ist nur eine der vielen

Bewegungen, die das Leben der Grossstadt so fieber-
haft aufregen. Aengstlich fragt man sich, zu welchem
Ende das alles führen solle? Ob die moderne Grossstadt nicht ein Fluch sei statt eines Segens?

Armselige Geschöpfe, die so fragen! Und wenn
sie sich ängstigen vor einer blutigen Auseinandersetzung — gut, mögen sie zittern für sich selbst. Aber
ist die Grossstadt, selbst wenn dieses „Unheil" aus-
brechen sollte, ein Fluch für die Kultur? Ein Sturm
erhob sich jedesmal, wenn eine Stimme der Wüste
über die Lande zog. Die moderne Grossstadt, auch
sie ein Kind der Wüste, scheint nachzusinnen über
ein solches Wort. Und wenn sie es finden sollte,
und aussprechen, und einen Sturm entfesseln — ist
dieser Sturm das Ende der Kultur? Oder nur das
Ende des Ueberlebten, des Lebensunfähigen? . .

Nun gar die Bemühungen jener Biedermänner
mit den blonden Oellocken, die mit Konfirmations-
reden den Sturm beschwören wollen, noch ehe er
losgebrochen ist, die aller Bewegung ein Halt zu-
rufen möchten, um Friede auf Erden und den
Menschen ein Wohlgefallen zu bringen! Sagt dem
Strom, der sich zum See gestaut hat, er solle inne-
halten in seinem Lauf, er bringe dem Land Unglück
wenn er weiterziehe, er werde die Blumen zertreten,
einen stolzen Baum hier, eine trauliche Hütte dort

über den Haufen wälzen, — kurz er habe kein „Recht" zum Weiterfliessen, da er seinen Weg nicht kenne; sagt ihm auch, er werde neue Fesseln in den Felsenschluchten finden, seinen Verzweiflungs-schrei würde das harte Gestein höhnend widerholen, all seine schäumende Wut sei dann vergebens — sagt ihm das alles und sagt ihm noch viel mehr: nicht einen Augenblick wird er sich von euch halten lassen; er wird weiter ziehen, und weiter und weiter — und er weiss, dass er den Weg zum Meer doch finden, und frei zum freien Himmel steigen wird.

Von demselben Verfasser erscheinen demnächst:

Soziale Essais. (Wanderjahre. — Neue Ideale in der Technik. — Zur Geschichte des Ackerbaues. — Th. Hertzkas „Freiland". — Das Frauenrätsel. — Judaea. — Das Proletariat).

Aus der Mappe eines Psychologen. (Der Gesichtsausdruck. — Entstehung des Gewitters. — Heim. — Moral der Moral. — Feierabend. — Jenseits von Besser und Schlechter. — Antidarwin. — Zwischen zwei Welten).

Visionen. (Dichtungen).

Entwicklung der Kunst. Eine Kulturpsychologie.

––––––––––––
–––––––––